商务英语中
跨文化交际的理论与实践

梁 欢◎著

吉林出版集团股份有限公司

图书在版编目（CIP）数据

商务英语中跨文化交际的理论与实践 ／ 梁欢著. —
长春 ：吉林出版集团股份有限公司，2021.11
ISBN 978-7-5731-0661-2

Ⅰ．①商… Ⅱ．①梁… Ⅲ.①商务－英语－教学研究
Ⅳ.①F7

中国版本图书馆 CIP 数据核字 (2021) 第 234667 号

商务英语中跨文化交际的理论与实践

著　者	梁　欢
责任编辑	郭亚维
封面设计	林　吉
开　本	787mm×1092mm　　1/16
字　数	230 千
印　张	10.5
版　次	2021 年 11 月第 1 版
印　次	2021 年 11 月第 1 次印刷
出版发行	吉林出版集团股份有限公司
电　话	总编办：010-63109269
	发行部：010-63109269
印　刷	北京宝莲鸿图科技有限公司

ISBN 978-7-5731-0661-2　　　　　　　　　　定价：78.00 元

前言

随着各行各业正在逐渐向着全球一体化的方向发展，我国在国际上的商务活动也越来越多，所以在这种跨文化的背景下，商务英语在国际商务活动中起着越来越重要的作用。因此，如何有针对性地开展商务英语跨文化教学也是商务活动能否成功的关键。近年来，世界经济一体化、全球信息化和文化多元化的进一步发展，对商务英语教学也提出了更高、更新的要求。商务英语跨文化教学的专业性和实用性更强，在教学时极易出现错误和偏离其文化背景。因此，在商务英语跨文化教学不仅需要了解商务英语的特点，还要灵活应用商务英语，追求中西文化差异下的最佳教学状态，进而保证跨文化教学的正确性和准确性。

经济全球化，振兴中华，实现中华民族的伟大复兴，不断迎接和赢得国际市场的竞争，都迫切需要我们的国家培养大批的具备高水平的英语及商务英语的运用能力的高素质复合型人才，这需要我们不同层次不同类型的高等院校和社会各界共同努力，培养和造就出大批的高素质的复合型人才，并在国家建设和振兴中华的伟业中创造非凡的人生业绩，为中华民族伟大复兴做出应有的贡献。

在对商务英语跨文化教学理论进行研究及探索的过程中，参阅和借鉴了许多专家学者的研究理论和成果，在此一并表示诚挚的感谢！

由于本人水平有限，时间仓促，书中不足之处在所难免，望各位读者、专家不吝赐教。

作　者

2021 年 3 月

目 录

第一章　商务英语及跨文化教学概述·································1

　　第一节　商务英语的内涵·································1

　　第二节　商务英语的起源与发展·························4

　　第三节　商务文化在商务英语中的重要性·················8

　　第四节　跨文化因素对商务英语的影响···················12

　　第五节　商务英语的跨文化差异·························18

　　第六节　跨文化语境下商务英语探究·····················20

第二章　商务英语教学的发展及展望·························25

　　第一节　商务英语教学的发展历程·······················25

　　第二节　商务英语教学的预设思想·······················27

　　第三节　商务英语教育的未来展望·······················31

　　第四节　研究性教学思想·································36

　　第五节　商务英语的教学新思路·························41

第三章　商务英语跨文化教学的原则及理论···················44

　　第一节　商务英语教学的基本原则·······················44

　　第二节　商务英语教学的多元统一性原则·················46

　　第三节　建构主义教学理论·······························50

　　第四节　语篇分析理论···································53

　　第五节　人本主义教学理论·······························56

　　第六节　图式教学理论···································67

第四章　商务英语的基础知识·······························71

　　第一节　商务英语翻译的原则·····························71

　　第二节　商务英语翻译的功能性·························76

　　第三节　商务英语翻译的准确性·························80

　　第四节　商务英语词汇特点及其翻译·····················82

第五节　商务英语翻译中的词语选择·····························84

第五章　商务英语句子跨文化特点·····························88

第一节　商务英语中定语从句的翻译·····························88
第二节　商务英语中被动语态的应用与翻译·····················89
第三节　商务英语中复合句的翻译·····························93

第六章　商务信函跨文化教学·····························96

第一节　商务英语信函的语言特点·····························96
第二节　商务英语信函中的合作与礼貌原则·····················99
第三节　商务英语信函的文体特征与翻译技巧·····················103

第七章　商务合同跨文化教学·····························106

第一节　商务合同的翻译准则及策略初探·····················106
第二节　商务英语合同的文体特征及翻译标准探析·················108

第八章　商务英语新闻跨文化教学·····························111

第一节　商务英语新闻文体的特点和翻译·····················111
第二节　商务英语新闻翻译的文体原则·····················113

第九章　大学英语跨文化交际能力培养策略·····················115

第一节　跨文化交际能力·····························115
第二节　大学英语教学中跨文化交际能力的培养·················131
第三节　跨文化交际意识的培养·····························140

第十章　跨文化大学英语教学建议·····························147

第一节　对大学英语培养目标的建议·····························147
第二节　对大学英语教材的建议·····························150
第三节　对大学英语教学方法的建议·····························152
第四节　对大学英语师资的建议·····························157

参考文献·····························160

第 一 章　商务英语及跨文化教学概述

第一节　商务英语的内涵

一、商务英语的概念界定

商务英语是世界范围的大市场形成和发展的产物。它是一个动态的概念，它的含义在不断扩大、延伸和发展。20世纪90年代以前我国高校的国际商务／国际贸易专业均以关贸总协定的乌拉圭回合谈判之前的国际商务／贸易的界定为准，即国际商务／贸易主要涵盖国际货物贸易。随着全球经济一体化，网络通信和多媒体技术的使用，国际商务活动的范畴不断扩大，商务英语的内涵和手段也在不断地扩大和升级。

对于非英语国家而言，国际商务英语作为一门交叉学科，有两大问题必须澄清：语言媒介和学科构成。语言媒介自然是国际通用外语——英语；学科构成则是以国际商务为核心的国际商务学科。在"入世"背景下，"商务"可以指询盘、报盘、还盘、接受、签约等一套商业谈判业务，或开信用证、装运、保险、检验、索赔、付款等一套进出口业务；"商务"也可指商行、公司、银行等机构的一系列内部管理活动和对外事务；大"商务"的概念还可包括金融、贸易、运输、投资、财会、经济法、国际合作、国际惯例、WTO 原则等方面。"商务"英语就其语言本质而言，就是在商务领域内经常使用的反映这一领域专业活动内容的英语词汇、句型、文体等的有机总和，它属于特殊用途英语（English for Specific Purpose，简称 ESP）。商务英语的全称应是 English for Business and Economics，简称 EBE。要弄清楚商务英语的概念，就要对 ESP 的概念有一个清晰的了解。[1]

ESP 不是英语的一种特殊形式；ESP 的学习内容虽可与普通英语有所不同，但其学习过程应与普通英语一致；ESP 只是语言教学的一种视角，其内部与方法取决于学习者的目的。由此我们可以对"商务英语"的概念有一个清楚的界定。"商务

---

[1]　温建平．商务英语教学与研究 第6辑［M］．上海：上海外语教育出版社，2019．

英语"顾名思义,包含着语言(英语)与业务(商务)两方面。根据英语剑桥大学考试委员会及我国国家教委考试中心所指定的 BEC 考试教材 International Business English 的编写宗旨和体例,也可看出语言与业务的关系。

由此可见,国际商务英语是为"需要使用英语"的商务工作人员和即将投入商界的学生所编写,"使用英语"是目的,"商务"指使用英语的商务工作人员和商务环节。"英语"是传播的媒介,而商务则是传播的内容。"商务"与"英语"不应是简单相加的关系,而应是有机融合。当然,商务英语的语言基础是建立在普通英语的基础之上,从整体上来说,商务英语的知识包括英语语音、语法、词汇、语篇和跨文化知识以及商务有关的国际货物贸易、服务贸易、技术贸易、国际合作和一个可交易手段,即以 Internet 为支持的网络通信和多媒体技术手段。商务英语的技能包括听、说、读、写等语言交际技能,对于中国学生来说,还应包括英、汉互译技能。

二、商务英语的内涵

(一)商务英语属于特殊用途英语范畴

特殊用途英语分为两类,以学术为目的的英语,指用以完成学业或进行学术研究交流所使用的英语,学术性强。

以职业为目的的英语(English for Occupational Purpose)指从事某一行业工作所使用的英语,实用性、专业性较强。根据这一标准,商务英语又可以分为两类,一般商务用途英语(EGBP: English for General Business Purpose)和专门商务用途英语(ESBP: English for Specific Business Purpose)。EGBP 主要针对缺乏工作经验的学习者。虽然它也以商务为背景,但课程设计近于普通英语,主要是语言技能加上一般的商务背景知识,着重培养学生在一般商务环境中使用语言的能力,专业性不强。我国各院校开设的商务英语专业课程即属此列。ESBP 主要是指各类商务英语中心为企业或在职人员设计的培训课程,对象均为从事某一商务领域工作的专业人员,且多为成年人。他们对本专业知识比较熟悉,有一定工作经验。这类课程针对性强,时间相对集中,ESBP 教学基本上是以教师的经验为指导。

(二)商务英语的特征

将商务英语的特征归纳为:①与一定的商务背景知识相联系;②有明确的目的;③以需求分析为基础;④有时间上的压力。

以上特征主要是针对专门商务用途英语(ESBP)而言。在一般商务用途英语(EGBP)中则不太明显,EGBP 的学生通常尚未确定将来就业的目标,教学中只能联系一般性的商务知识，专业内容的分量不能太重，而他们的学习目标也不如 ESBP 明确；需求分析的作用不太明显，课程持续的时间较长，时间压力较小。

（三）商务英语的要素

根据特殊用途英语的有关理论，笔者认为商务英语由以下三个要素组成：商务背景知识、商务背景中使用的语言商务交际技能、商务背景知识的内容及其在课程中所占的分量取决于学习者工作性质及专业化程度，商务知识的内容如前所述，极其广泛。每个专题下还可以再分出许多小专题。商务背景的内容决定了该情景中需要运用的交际技能以及语言技能。

商务交际技能指从事商务交际活动所必需的技能，既有语言方面的，也有非语言方面的。

每一项又分出许多微技能。如参加会议一项，学习者要掌握询问对方看法，打断对方、指出自己观点、请对方重复、表示附和等技能，我们或可以称之为功能。将交际技能做这样细致的分类，有助于我们确定完成这些交际活动所需要的语言要素。有效的交际除受语言技能影响外，还涉及一些非语言因素，如交际策略、交际双方的地位关系、社会文化背景等。[1]

商务背景中使用的语言涉及词汇、句型、篇章及语音、语调等方面的能力。具体情景中使用的语言是由其商务背景的内容和交际技能决定的。商务内容决定专业词汇的选择；而交际技能则决定句型的选择、篇章结构、文体风格、语调、节奏的变化等。

正如前面所述，商务英语的语言基础是建立在普通（通用）英语的基础之上，它们之间存在一个语言的共核部分。语言共核是语言学家在对语言功能意念的研究中形成的一个概念，指讲某种语言的人群中大多数人都使用的那部分语言。这部分语言不受地域、受教育程度、社会地位、职业、话题的制约，在词汇、语法和意念功能方面的差异也不大。语言共核的这种特点要求语言教学中的教学对象，不论学习目的如何，未来从事何种工作，都必须掌握那部分语言及其表达方式。[2]提出用语域分析的方法来研究特殊用途英语的共核部分，即根据语言使用的不同场合环境，分析研究语言在使用上的某些特征。语域研究发现了特种用途英语，尤其是科技英语的一些词汇、语法特点，这对商务英语研究有一定的启发意义。但语域分析停留在词汇、语法、句法的层次上，对语言的研究是支离破碎的。语篇分析方法则进了一步，试图

---

[1]　姜伟杰. 商务英语教学理论研究［M］. 长春：吉林大学出版社，2016.
[2]　汤熙. 基于内容教学法的商务英语教学实践探索［M］. 苏州：苏州大学出版社，2017.

从语篇联系、语篇结构方面进行研究，但它同样属于语言形式上的研究，只考虑到内容与语言形式之间的关系，忽视了语言的交际功能，不能从根本上解决商务英语共核的问题。笔者认为，有必要将商务英语活动作为交际事件来看待，把交际技能纳入商务英语的范畴，从具体的商务背景中分离出所需的交际技能，这样就可以通过交际技能进一步确定语言的表达形式。

由此可见，界定商务英语的概念及其含义，对商务英语的教学研究（具体包括商务英语的内容、交际技能、语言形式三个要素）起着非常重要的作用。商务交际技能是枢纽，将内容与语言形式有机地联系起来。

第二节　商务英语的起源与发展

商务英语是英语的重要组成部分之一，作为英语独特发展的分支，它的出现并不是偶然性的而是必然性的，是社会贸易发展的必然结果，也是英语语言文学专业发展的趋势。在知识和经济不断碰撞和发展的时代，商务英语以其强大的生命力和应用能力不断地普及和发展，从20世纪90年代以来商务英语的教学和科研工作就不断在国内各大高校掀起热潮，可是我国当时的商务英语发展水平和研究还没达到和英语语言文学同等水平，于是导致了商务英语理论研究滞后于实际应用，无法进行更好的商务英语教学。

语言学家认为，英语语言学是专业培养计划中的一门基础必修课，它的重要性也不言而喻。社会和语言是同步发展的，要了解语言的发展趋势和方向就必须和社会的发展联系起来并研究如何更好地研究和应用英语。

一、商务英语在国外的发展历程

商务英语是ESP学科的一个重要组成部分，其实相关英语教学证明商务英语早于ESP产生，因为有一本书记录了，早在15世纪末就出现了英国为了与各贸易国家顺畅交流而编写的文章。早期的商务英语，只是将英语和其他语言对照翻译解释为了突出它的实用性，第一本学习书籍是由威廉·卡克斯顿在1483年印刷而成。采用了两种不同语言对照的形式，为商务需求提供了便捷地获取信息的方式，以日常打招呼、生活用语、家庭用语、买卖用语等对话内容为主。早期的学习书籍以面向法语为主。因为当时商务活动最活跃的地方就是法国弗莱德地区，商人们意识到对客人了解得更多尤其是通过学习他们的语言更能顺畅地交流，不仅对自己的生意有好处而且还能更加了解对方的需求。文艺复兴时期,英语处于不断变化、不断与其他语言碰撞和发展的状态。16世纪初期,英语和法语、意大利语、拉丁语成为文艺复兴时期必备的语言。1540年出版的7国语言字典就是针对北欧国家贸易所用,同一时期,法国人莫里哀编写了一本教材——《论学习如何说法语和英语》,这本书就是英法双语对照的,清楚地解释了商业的不同语言表达。后来由于英国工业革命的兴起和近代资本主义的发展。英语逐渐取代了法语在各国商业贸易中扮演着越来越重要的角色,于是也掀起了学习英语的狂潮。商务英语更加成了商业贸易和从事商业活动的商人的必备语言。"二战"期间,人类社会进入了一个又一个前所未有的大规模的科技和经济的高速发展时期,学习英语的目的又发生了变化,学习英语人数大增,英语语言学习的范围得到了空前的扩展,受当时环境影响人们学习英语更加注重语言的实用性和目的性,人们对英语学习的要求不同,引发了英语学习方法和教学内容的改革,于是专门用途英语也就是ESP便出现了。商务英语便是ESP的重要组成部分。在整个系统下不断地壮大发展,由于各国贸易越来越频繁,商务英语也扮演着越来越重要的角色。

二、商务英语在中国的起源和发展

(一)商务英语在中国的起源:中国式的商务英语——洋泾浜英语

虽然中国的洋泾浜英语(Chinese Pidgin English,简称CPE)只是一种不规范的混合语或接触语,但却是商务英语在中国的最初形式。郝德森指出:"鉴于要求和其他社区的成员进行交流的原因常常系贸易,所以洋泾浜语可以是所谓贸易语言。"在中国,CPE正是作为一种贸易语言而产生的,"Pidgin English"最初表示的就是"Business English",即最早在英国人和中国人之间使用的商业语言。

CPE产生于1699年到1747年之间,先后经历了"广州/广东英语"和"中国沿海英语"等发展阶段。与世界上其他的洋泾浜语言多由西方人(多为传教士)先发明然后传授给当地的使用者的过程不同,CPE是由中国人发明,其教学也就具有浓厚的中国特色。由于英语和汉语巨大的差异,CPE在产生之初就对中英贸易中使用的英语以及少量掺杂其中的其他语言(如葡萄牙语等)的词汇、语音、语法等进行了改变和简化,使之更接近当地中国人的表达习惯,因而中国人学习CPE时,最主要的学习内容就是掌握有关的词语,死记硬背记住这些语词后再本质上根据汉语的语法、语音说出CPE句子即可。又由于CPE是一种主要由中英贸易语言接触而形成的口头语言,始终没有书面形式,这就导致了CPE的教学甚至根本不涉及英文而完全采用汉字的情况出现。这样的教学方式不仅在 CPE 早期的"广州英语"时期所使用,而且也为后来的"沿海英语"如上海洋泾浜英语时期所采用,不过那时 CPE 词语的注音已由"粤腔"变成当地的"吴调"了。

从 CPE 的习得途径来看也经历着一个发展的过程。早期的 CPE 主要是通过与外国人直接接触模仿而形成。此外,师徒相承也是一个早期 CPE 习得的特点,带有浓厚的中国特色。后来随着中外贸易的扩大,对 CPE 人员的需求也增大,机构教学(培训)的作用日益凸显。如在上海,1860 年后社会上的英文培训班(学校)快速增长。甚至,很多外商洋行内部就设有这样的培训机构。这些机构教学实用,内容主要以英语为主,辅以其他简单的商业技能,如西士麦开的洋文书塾以捷径教授写报关单、栈货单等与外商打交道时最需要的知识技能。随着一些 CPE 学习书籍的出现,自学也是习得的一种形式,不过,完全依靠自学这条途径的效果似乎较小。

教授 CPE 的书本早在"广州英语"时期就已出现,所有的书籍都有"记音汉字"标音。先期的 CPE 书籍都为常用单词,标以汉字示音。后来的 CPE 教材不但讲授常用单词、短语,而且由词及句,如以《无师自通英语录》为例,作者是将常用的英语句子收录其中,每个句子下面用汉语的谐音进行标注,这本书一共收录了 900 个句子,堪称最早的"英语 900 句"。[1]

从学术层面对 CPE 进行系统研究的努力从 19 世纪初以来一直在进行着。早期的研究以研究 CPE 的词汇为主,研究者以西方人士居多。最早比较系统记录研究洋泾浜英语词汇的是马礼逊父子,他们在各自的论著中,从语音、词汇、语法、词源等各方面对 CPE 进行了较为具体的记录和解释,尤其是儿子马儒翰的著作中在对词义的解释中已带有对洋泾浜英语的研究性质。此后,中国人对洋泾浜英语的特点也有所注意。如 1862 年唐廷枢出版了《英语集全》一书,这是一本大部头的辞书,也是当时教授正规英语最好的教材。此书附有详细的《切字论》和《读法》说明,并经常以 CPE 与正规英语做比较,说明两者之间的区别,这无形中向我们揭示了当时社会上所流行的 CPE 的形态。

虽然 CPE 只是一种很不规范的接触语,但与西方的佛兰卡语一样,是世界贸易初期特有的语言交流现象。CPE 的出现及其教学促进了近代早期中国对外贸易的开展,并催生了一个中国近代史上特有的买办和通事阶层,这一系列的原因加速了 CPE 退出历史的舞台,迎来了另一个英语学习的繁荣。

---

[1] 郝晶晶. 商务英语教学理论与改革实践研究［M］. 成都:电子科技大学出版社,2017.

（二）商务英语在中国的发展——标准英语的商务用途教学

中国的标准英语教育始于 19 世纪初西方在华开办的教会学校，但在早期很长的一段时间内其影响力都不如公立的 CPE 学校。当时社会对功利的追逐使得这些教会学校也不能够免俗，如中国最早的教会学校马礼逊学校由于受到财力和人力等方面的限制，一方面暂时携手，另一方面积极和当时的商业巨头协作以便获得他们的资助，自然也就肩负着为这些巨商培养和训练贸易通事的任务。不少学生在英语有了一定的水平后即被英国商人请去当翻译或买办而中途辍学。为了迎合当时的社会对洋务商务人才的需求，一些教会学校改变了培养华人传教士的初衷，增设了一些实用课程，如前身为教会学校的"沪上有名书院"英华书馆，学校的课程不但有英文，还增加了算学和司账等与商业有关的财会知识。这些短平快式的功利教育反映了当时条约口岸城市在迅速发展过程中外文和商业人才奇缺的现实，而大量语言学校和培训机构的出现，在一定程度上缓解了经济发展对商务人才急需的紧张局面，并对此后的中国教育和现代化进程产生了深远的影响。

到清末民初时，中国的近代教育格局初步形成，同时英语教育也得到了发展，当时有的商科学校甚至直接采用英美原版教材授课，但是这并没有改变英语教学与商科教学仍然是两个相互独立学科并未形成交叉的现实。学生所学的英语仍是通用英语，所学的其他各专业仍多是用汉语讲授，很难有机地融合。即使有的商科学校和专业采用原版英文教材用英文进行授课，那也属于英语商务教学的范畴而非商务英语教学。

新中国于 20 世纪 50 年代初期创建了第一所贸易专业高等院校——北京对外经贸学院（现为对外贸易大学），学校开设了一门《外贸函电》的特色课程，课本由一些从事外贸的老业务人员根据实际工作中往来的业务函电编写成适应我国外贸业务，主要涉及货物贸易各个环节，既作为公司培训的教材，也在外贸院校中使用。从 20 世纪 50 年代起，这门课程沿袭至今，课程的教材以后虽有不同程度的改编，但基本上大同小异，为新中国对外贸易专业人才的培养做出了不可磨灭的贡献。20 世纪 70 年代，虽然有了另一门课"外贸英语会话"与之搭档，经贸英语仍只能作为外经贸教育中的一两门课而"惨淡经营"，直到 20 世纪 80 年代后期商务英语在中国的教学与研究渐渐形成了一股热潮，人们对商务英语的认识也逐步跳出一两门所谓特色课程的开设，而进入了系统研究的学科阶段。

商务英语的产生与早期各国间商务活动特别是港口贸易密切相关，贸易双方对英语不求甚解，只为了交易顺畅而快速地进行，于是实用的双语或多语商务常用语对照手册往往在早期非常流行。尽管早期商务英语教学不够系统、弊端颇多,但的确缓解了当时贸易各方克服语言障碍的需求,而且为其学科的建立在实践上奠定了基础,一些好的方法贯彻至今。商务英语的教学与研究在不同国家和地区的出现时间和发展速度是不一样的,它在中国历时近300年,先后经历了CPE和标准英语两个阶段。

商务英语是世界各国贸易交流的产物,研究对象是贸易活动,是商务和英语的结合,是一种实用性的语言,尽管早期的商务英语不够规范和完善,但却在各国商业贸易方面发挥了重要的作用,缓解了当时的语言沟通障碍,而且为后来的学科建立奠定了基础。不同的国家和地区对商务英语的教学和研究程度不同,发展的速度也不同。许多院校都开设了商务英语课程,在英国牛津大学、剑桥大学都向全世界推出了国际性商务考试,在美国哈佛大学、斯坦福大学、伯克利大学同样也开设了课程,普林斯顿大学还成立了以商务英语为核心的国际交易英语考试中心,在中国历经300年,从CPE到标准英语的发展,是随着社会发展在进步,同国家对外交往程度和范围有着密不可分的关系。

第三节　商务文化在商务英语中的重要性

在经济一体化发展背景下,商务英语的作用愈加重要,在时代不断变化的今天,商务英语的教学内容以及模式也有着诸多的变化。但是商务英语教学中的商务文化是教学的重点,如果不能充分重视商务文化,商务英语的应用过程中就会出现诸多问题。商务英语作为比较特殊的语体,从本质上来说是语言类的学科,但从其在实际的应用情况来看,商务英语更像是社会技能的学科。尤其是在商务活动的开展过程中,商务英语的作用有其独特性,在跨文化的商务交际能力方面的作用发挥就越发突出,在这一背景下加强商务文化在商务英语中的作用,对商务英语的教学水平提升就有着实质性意义。

一、商务英语教学中商务文化的内涵及培养的重要性分析

(一)商务英语教学中商务文化的内涵分析

新课程标准的实施要求下,对商务英语专业的教学有了要求上的提升。商务英语教学主要是培养专业性的人才,但是在实际教学中,一些老师对语言和技能的教学比较重视,在商务文化方面的教学就忽视了,这对商务英语的实际应用的效果就

有着很大的影响。商务英语教学中的商务文化是商务英语应用的灵魂,因为文化和语言是相互促进影响的,一个民族的语言中必然会有丰富的文化内涵。不同的国家就会有不同的商务礼仪和风俗等,这些对商务贸易交往都有着很重要的影响。

从商务英语教学中商务文化的内涵分析来看,商务文化主要是在商务活动中涉及的诸多文化和语言的因素,并且是中外两方的不同文化。由于商务谈判过程当中,所参与的人员来自不同的国家,并有着不同的文化背景,这样的商务活动其实就是在特定文化以及语言背景下开展的跨文化交际活动,所以这就需要能够充分重视不同文化背景的商务活动参与方。这样才能有利于商务活动的达成。而商务文化的意识,是文化发展中,由于人们所处的生活环境以及历史背景各具差异所形成的丰富习惯,将这些内容进行综合就成了文化意识。

（二）商务英语教学中商务文化培养的重要性分析

对商务英语教学中的商务文化加强培养有其重要性。商务英语是高校教学中开设的实践性英语学科,是将国际商务作为基础来培养专业人才的课程。在商务英语的教学过程中,其中所包含的商务专业知识及商务文化都是学生学习的重点。在当前的商务英语教学过程中,一些老师对商务文化的渗透没有得到充分重视,从而造成了语言的学习和文化之间没有得到有效契合。学生在商务英语的学习过程中,虽然语言知识的运用能力比较强,但是在商务活动中由于缺少商务文化知识的了解,比较容易造成双方的沟通障碍,不利于商务活动的成功开展。

现代社会发展背景下,对外语的专业人才需求量越来越大,商务英语的发展在这一过程中迅速地开展起来。对商务英语开展教学活动,主要就是不断丰富学生的商务英语背景知识,让学生娴熟地掌握和运用商务英语,让学生在未来走上工作岗位,在商务交际的能力方面不断加强。在商务英语教学中,商务英语背景知识的教学,在整个教学中占据了很大的比例,主要是对商务文化的各方面知识的渗透,但在整体的效果上不是很好。虽然学生对商务英语的词汇以及语言知识都得到了相应的掌握,但在学生进入商务交往活动中时,就比较容易出现一些尴尬的问题。如商务英语专业刚毕业的学生在一次商务活动中,说:"You must be tired, you'd better have a good rest."但是,在这一交流过程中,由于没有充分地了解外国人的生活和交流的方式,就会使得对方不高兴,这就不利于商务活动的顺利进行。

在当前的发展时代,要想使商务英语在商务活动当中得到有效的应用,就要充分地重视商务文化在其中所起到的重要作用。全球化发展时代的到来,使得跨文化的交际活动越来越多,也越来越重要,这对各个国家的经济发展都有着举足轻重的作用。这就需要在商务英语的教学过程中，充分重视商务文化的意识培养，丰富学生的商务文化知识，这样才能真正地将商务英语的作用得到充分有效的发挥。在市场化竞争日益激烈的发展过程中，人才竞争就成为企业间发展的核心。在贸易量的不断增加下，对商务英语人才的需求量也有增加，商务英语作为商务活动贸易中的重要应用语言，在实际的教学过程中，就要充分地重视贸易文化的渗入。

二、商务活动中的商务文化差异性及在商务英语中的体现

（一）商务活动中的商务文化差异性分析

在商务活动当中，商务文化的差异性是体现在多个层面的，从这些商务文化的差异性层面进行分析，就说明了商务文化在商务英语教学中的重要作用和地位。从商务谈判来看，商务文化差异鲜明地呈现。商务谈判是在商务活动中比较关键的环节，这一环节的成败对整个贸易活动的继续进行有着促进推动作用。在商务谈判过程中是来自多方国家的，若是对双方的文化没有相应的了解，就会在实际谈判过程中，因为一些细枝末节造成谈判的失败。所以在商务谈判中，要能将对方的文化背景，以及对谈判方在性格特点上得到准确把握，这样才有利于谈判的成功。如在西方人的商务活动中，在见到某人的时候对话常常会围绕着商业的问题和话题进行，对个人的问题及家庭的问题通常不会进行干涉。尤其是在首次见面的时候，谈话的内容主要是围绕着商务目标，对其专业性和客观性的把握要准确。在东方人的观念上则会认为谈判气氛的融洽及关系的融洽对谈判的成功有着直接影响。所以东方人的谈判过程中常常会在首次见面时，选择一些比较轻松的话题来进行热场，主要就是对家庭情况及个人的话题等进行交谈。这些方面就是由于文化价值观的不同，所以在交谈过程中也会存在着差异。[1]

商务活动当中的商务文化差异还体现在地域文化层面，由于各民族的风俗等方面都不相同，所以这就比较容易在商务活动的谈判过程中起到很大的作用。地域上的不同就会在价值取向层面有着很大的不同，会使得在对同一问题上有着截然相反的看法，这在商务活动中要充分重视。另外，就是在经营管理方面存在着差异性，以及在价值观念上存在着差异性，对这些差异性的内容要充分重视。在实际的谈判过程中要尽量客观地对待不同文化间的差异性，这样才有利于商务活动的顺利进行。

[1] 杨鹏，骆铮.基于教育转型发展视域下高校商务英语教学的创新研究[M].长春:吉林人民出版社，2019.

（二）商务活动中的商务文化在商务英语中的体现

从商务活动中的商务文化在商务英语的应用中来看,有着比较鲜明的体现。首先在思维方式层面,在社会政治、经济、文化等方面的差异性影响下,思维方式各不相同。从东方的思维方式看,主要是对演绎推理比较重视,而西方的文化则比较重视归纳推理,东方人对综合性的思维比较重视,比较善于对全局观点的综合性分析。而西方则是对分析思维比较好,善于将整体进行细分。这些方面在商务活动当中也会有不同的体现。

还有是在语言层面主要是对语言的表达方式以及语音和语调、语速等方面也都有着不同,一些词句以及现象在两种文化中有时都存在,但是在意义以及情感色彩上有的就不是完全相同。

三、商务英语中商务文化意识培养的具体策略探究

对商务活动中的商务文化意识进行培养要能按照相应的策略进行,在商务文化意识的学习方面要能得到有效强化。在商务活动当中,冲突再小也会影响整个商务活动的顺利进行,所以增强商务文化意识,对国外的政治以及文化背景和风俗习惯等各层次,都要加强学习。商务英语的谈判人员要能对商务文化的重要性充分重视,对其能有客观和系统的了解,在各方面的文化知识学习层面进行加强,不断地提升自身的商务谈判能力和素质。[1]

商务英语的教学过程中,对商务文化知识教学要在目标上加以明确化。教学活动开展中,教师是学生的学习榜样,教师在教学中以及生活中的言行举止,对学生都会有着潜移默化的影响。商务英语教师自身要能规范自身的言行举止,教学过程中对商务文化要充分重视,将学生的商务文化意识培养,作为教学中的重要教学目标。商务英语教学中基于自身的鲜明特征,所以整个教学活动也会在商务环境以及文化等方面受到影响,老师在商务文化教学之前,要制订科学化的教学计划,按照计划实施教学,将商务文化在教学中逐步地渗透。

对商务英语的教学在加强商务文化意识培养方面,商务英语的教师自身要充分从文化角度开展教学活动。通过将商务文化在英语语言知识教学中的渗透,对学生的商务文化意识的培养,就能逐步地将学生的专业英语和商务文化有机结合,使之能够相互促进,这就对学生的未来就业提供了很大帮助。在课堂教学过程中,通过多样化的教学方式来导入跨文化的意识,对文化教学加以重视。

[1]　王光林.商务英语教学与研究 第 5 辑 商务沟通研究专辑［M］.上海:上海外语教育出版社,2016.

商务英语教学中的商务文化渗透要将学生作为教学的中心,突出学生的主体性地位,对学生的商务英语实践应用能力进行培养。要对传统的教学模式加以突破,对商务应用的交际特性得以充分地展现,可以将任务驱动法以及情境教学法等全新的教学模式在教学中加以应用。对学生的英语学习兴趣进行激发,在此基础上将商务文化教学内容融入其中,使学生在商务英语的实际应用能力水平得到有效提升。另外将多媒体技术以及网络技术在实际教学中加以应用,通过实际案例的分析以及亲身体验和信息的介绍等诸多形式,将商务文化的内容添加到商务英语教学当中。通过动态化的教学方式,对学生的商务文化知识的学习起着促进作用。

总而言之,全球化的经济发展环境下,商务英语的教育作用就会越来越大,在实际教学过程中,要能充分重视商务文化的融入,对学生的商务文化意识加强培养。让学生在商务英语的多方面能力上得以灵活地应用,只有将商务英语和商务文化得到有机结合,才是完整的教学。此次主要从商务文化在商务活动中的作用发挥,以及对商务文化意识培养的策略等理论层面进行了重点研究,希望有助于实际教学的进一步发展。

第四节 跨文化因素对商务英语的影响

各国各民族之间生活习惯、思维方式及对事物认识的不同使得不同国家民族之间存在着极大的文化差异,商务英语翻译人员要将两种语言做到对等翻译,就应了解这些文化差异,并通过适当的翻译方法对文化信息进行调整以达到文化信息灵活等值,成功地进行跨文化交流。

随着经济全球化,国际商务交往活动日益频繁,作为沟通各国商务活动和经济交流的语言工具 ——商务英语,已成为职场生活中一门跨学科的综合性专业学科,涵盖各国企业管理理念、与外国人合作的方式方法及他们的生活习惯等,从某种程度上说是包含在文化概念里的。商务英语翻译已成为国际商务活动的重要环节,作为人类跨文化沟通的主要桥梁之一,它既有英语翻译的共同特征,又具有明确的专业性和跨文化交际性。商务英语翻译作为两种文化之间的一种跨文化交流活动,不仅是语言的翻译,而且是不同文化的传递,正如语言学家尤金·奈达所说:"要真正出色地做好翻译工作,掌握两种文化比掌握两种语言甚至更为重要,因为词语只有运用在特定的文化中才具有意义。"对同一客观现象,不同的民族会有不同的语言形式。翻译人员如果不了解对方的语言文化背景、社会风俗习惯就会导致交际障碍、冲突或误解，即"语用失误"现象。本章就影响商务英语翻译的跨文化因素及翻译中对文化信息的调整策略方面谈谈自己的认识。

一、影响商务英语翻译的文化因素分析

（一）生活习惯的差异对英语翻译的影响

由于各国地理位置、生存环境等方面的不同，我们的生活习惯与方式和西方人有很大差异。如在称呼上，在西方，较为正式的称呼一般是在姓氏前加上 Mr. 或 Mrs.，如 Mr.Smith、Mrs.Green，而在汉语里我们常用表示职业的名词与姓氏连用做称呼语如"李老师""王老板"等。在见面寒暄时，西方人一般会聊天气如"It's a nice day, isn't it?"等，而中国人见面寒暄常会问些个人问题如"你多大年纪？""你又瘦了"等表示对对方的关心，但在西方文化中，"How old are you?""You are thin."这样的话，会让人感到很尴尬，因为这是不礼貌的，西方人尤其是女士是最忌讳别人问年龄的，她们认为这些是她们的私人问题，不需要别人知道。因此我们在商务交流活动的翻译中要了解中西方生活习惯的差异，不断提高语言的敏感性，选择符合双方文化的语言习惯，使跨国经济交往顺利进行。

（二）对事物认识的文化差异对英语翻译的影响

由于东西方人的思维方式、文化传统等方面的影响，不同国家人眼中的数字、颜色意义有极大的差异。如在欧美常看到带 7 数字商标的商品如"Septwolves"（七匹狼）（sept 是法语"七"的意思）、"Mild Seven"等，但很少有使用 6 或 13 这样的数字做商品品牌的，因为在英美国家，"Six"象征魔鬼，"Thirteen"是不吉利的数字。而 6 在中国却是表吉利的数字，人们爱用 6、9 这些数字做商品的商标，如"666""999"等。再如，对颜色的理解方面，红色在中国文化中象征吉祥、喜庆，而西方文化则认为红色代表危险，常说 a red battle（血战）、red revenge（血腥复仇）等。

对事物的认识文化差异也很大，如英语中的"spring up like mushroom"在汉语里多译为"雨后春笋"，而不是"雨后蘑菇"，因为在中国文化中，南方多雨的地方一般是竹笋比较多，所以人们更能接受的成语和理解的意象是"雨后春笋"，而在西方人们更能理解的意象则是"蘑菇"。再如，"White Elephant"在东方人眼里是吉祥物，而在西方文化里，它却是指昂贵而无用的东西。所以在商务英语翻译中要注意不同民族对同一事物的认识文化差异，了解其各自的特点、忌讳、隐喻等来避免商务工作中的损失。

（三）认知思维方式的差异对翻译的影响

中国文化习惯从整体上、直观上看问题，强调社团和集体的价值；英美文化习惯于逻辑分析，强调个人为中心，因而导致语言表达上的种种差异。例如，在姓名、时间、地址的表达方式上，中英两种语言的行文方式明显地体现了这种思维方式的差异，中国文化从大到小，从整体到局部；而西方文化则正好相反。西方人是直线式思维方式，直截了当，而中国人则习惯形象思维，在说明问题时爱用意象与比喻，如中文说"山重水复疑无路，柳暗花明又一村"，其中有山、水、路、树、花等意象来比喻其义，而英文则译为"One has a sudden glimpse of hope in the midst of despair."（在绝望中突然看见一丝希望），直接表达了源语要表达的功能意义，里面却根本找不到山、水等对应形式。所以不同文化认知思维方式的差异会对商务英语翻译造成影响，翻译人员要考虑到不同文化背景下的认识思维方式的差异，翻译时尽量做到文化信息传递的对等。[1]

（四）语言表达方式对商务英语翻译的影响

影响商务英语翻译的因素还有语言表达方式，中国人自古以来强调"谦虚"的美德，在口头或者书面上能体现出的一个特点便是谦逊、内敛，例如，中国人出于礼貌，在商务合同书上，通常会加上"以确保公平""在多次协商后"等类似的句子，但是西方人却不以为然，认为这些都是客套语，他们觉得合同是否能发挥效力与双方是否能共同遵守条款、履行义务不是由客套语决定的，而是由法律来保证的。但是他们又不失礼貌，虽然在英语中的"you"不像中文一样可以翻译成"您、贵方"，但是他们往往也会注意增加"please"的使用。由此可见，不同的语言表达方式虽然不能决定商务交往活动的成与败，但是为了防止产生误解，翻译者在商务英语翻译过程中，要注意选择适当的语言表达方式。

二、文化差异对商务英语翻译影响的具体表现

（一）文化差异引起商务英语翻译中文化信息不对等

每年各国都有大量商品被介绍到全球市场，其中就有很多因为广告翻译错误、不了解文化差异造成的错误等使商品销路不好，出现"胡译""死译"现象，损坏企业形象和产品的销售。如有人把"白酒"译成"white wine"，实际应译为"spirits"才符合源语信息，因为西方人一般将酒精含量 14% 以上的酒称为烈酒 spirits 或 liquor，而"wine"则是指葡萄酒、果料酒。

[1]　田卉.任务型商务英语教学研究［M］.北京：国防工业出版社，2011.

（二）文化差异引起集中不对应

这里有几种情况：①源语文化在概念上有明确的实体，而译入语不能直译。②源语中的指称对象在译入语文化中根本不存在或罕见。③源语和译入语中同一个指称对象可能由字面意义不同的词语加以指称。此外，差异的原因还在于东西方民族地理、历史、风土人情等的不同，正是这些文化差异的存在使得文化对等翻译的可译性受到限制。

三、跨文化因素与英语翻译准确性的关系

跨文化因素在英语翻译中起着非常关键的作用，应用商务英语的翻译直接关系商务交往的经济利益，因此必须提高翻译的准确性。在商务英语翻译的过程中，翻译不应该仅仅翻译语言本身，更应该翻译出语言背后所表达的深层次理念。在商务英语翻译的过程中，必须加强对跨文化因素的结合，准确把握商务英语翻译的关键所在。由此可见，在商务英语翻译中，既要保证对商务英语的准确翻译，又要加强对其文化内涵的融入，如果忽视了特定文化的表达，例如，忌讳和隐喻等内容，很可能产生矛盾。通过对不同文化的禁忌进行把握，能够在翻译的过程中避免踩到雷区，进一步提高翻译的质量，翻译的内涵，进而准确地传达详细的翻译内容，更加适于双方的交流。

四、跨文化因素对商务英语翻译准确性的分析

从目前来看，商务英语翻译包括三个层次：

第一个层次是商标的翻译。商标对企业的作用不言而喻，能够通过有限的视觉图形传达出强烈的品牌效果，营造非视觉的直观形象。随着商标的运用范围越来越广泛，不仅在企业设计中通常会采用商标，在政治领域、经济领域等方面都能够见到商标的身影。

第二个层次是广告宣传的翻译。广告的最终目的是促进商品的销售，通过对广告进行翻译，能够让用户对产品进一步了解。所以在针对广告进行翻译的过程中，必须充分考虑消费者的文化需求。广告文化因素要符合消费者的主观情绪，通过对消费者进行精准的定位与分析，从而提升产品的针对性，在广告中更好地迎合消费者的需求，只有广告的文化因素符合消费者的主观情绪，才能让消费者在消费的过程中产生满意的效果。人类除了主观的文化因素之外，还有其他的文化因素，包括回忆、怀旧、追求自我、向往自由。通过在文化因素中融合这些因素，能够更加全面地激发人们内心深处的文化因素经历，从而激起消费者的共鸣。有针对性地制定销售策

略，实现销售最大化，同时在广告文化因素融合的情况下，必须把握文化因素攻略，进一步扩大广告的文化因素优势，满足目标消费者的特殊需求。

第三个层次是商务活动的翻译。在双方谈判的过程中，需要对商务口译进行分析。由于商务口译对翻译人员的口语表达能力、思维理解能力以及双方文化背景、思维方式等要求较高，所以必须加强对语言敏感点的处理。只有在交谈过程中进行恰到好处的表达，才能够避免出现语言不明的问题，从而突出双方谈判的重点，有效化解矛盾，通过在口译过程中简化译文，保证跨国经济的顺利往来。例如，在外方对中方表达感谢时，中方习惯性回答说，这是我们应该做的，如果直译则会导致外方对中方产生误解，所以译员必须尊重国外的习俗，通过恰当得体的语言进行表达。这是因为东方人在文化因素表达过程中过于内敛，不轻易展露自己的心理活动，而西方人则更加倾向于直截了当地表达内心的文化习惯。这样就要求商务英语在翻译过程中，必须尊重对方的文化习惯，以进一步保证翻译的质量与水平。

五、商务英语翻译的文化适应性问题探析

（一）商务英语翻译问题概述

从某种意义上讲，国家间、地区间经济交往的实质是国家文化、地区文化的互动、交流与接触。在不同文化的交互过程中，首先面临的问题就是弱化和消除文化障碍，实现文化沟通和交流。英语作为国家间、地区间经济交往和商务往来的有效工具，具有存在形式的多样性与表达方式的多样性等特点，这些特征不仅反映着国家、地区间文化的差异性，也影响着商务英语翻译的准确性。因此，商务英语翻译必须注重国外企业与本国企业之间的文化差异。

作为一种社会存在，文化环境是一个不同区域、行业、特征和性质的文化交织影响、能动渗透的有机能动场，尤其是其中的文化传统有着较强的波及力和辐射力，会对社会生活的诸多方面造成影响效应，商务英语翻译也不例外。企业文化是企业在长期发展演化过程中形成的历史产物，是社会文化在企业组织管理实践中的折射，也是西方管理理论在经历"经济人""社会人""自我实现的人"与"复杂人"假设之后，对组织的文化价值、经营理念、管理过程和未来经营业绩关系的又一次审视。企业文化渗透于企业的一切活动中，又流溢于企业的一切活动之上，既是企业组织的基因和灵魂，也是企业持续发展的潜在动力和重要保障；既是制度性和非制度性、绝对性和相对性的辩证统一，也是批判性和继承性、稳定性和动态性的有机结合。

（二）适应措施

1. 重视商务英语翻译的外部环境

密切关注国外企业文化的最新成果，充分考虑商务英语翻译的外部环境。随着我国企业改革的深化、国内市场经济进程的加快和经济全球化趋势的推进，东西方文化的交流渗透成为不可逆转的历史潮流，学习市场经济国家先进的企业文化逐渐成为培育和创新我国企业文化的重要途径。但实事求是地分析，对如何借鉴、学习、吸收和内化国外先进企业文化成果在商务英语翻译过程中的适应性、可移植性等关键问题，并没有从理论上、学术上加以明确描述和科学阐明。

2. 把握国内外企业文化之间的内在耦合性与本质差异性

事实上，在商务英语翻译过程中一个非常重要而又往往被忽视的环节就是文化的适应性。当然，文化适应性的观点绝不是否认不同商务英语翻译的相互借鉴和学习，但国外先进企业文化不能原封不动地渗透到商务英语翻译过程中，商务英语翻译必须注意文化适应性问题。国内外众多专家学者的研究表明，东西方管理文化存在诸多方面的差异，彼此各有优势，很难找到一条客观、有效的商务英语翻译标准。对于商务英语翻译过程中存在的一些现象和问题，究其本质是由国内外企业文化之间的内在耦合性与本质差异性所致。因此，在我国企业商务英语翻译过程中一定要注意文化适应性问题，注重跨文化的比较研究，反映国外企业文化特性，才能更好地造就企业商务英语翻译在企业商务创新实践中实现实质性转变和历史性飞跃。笔者认为，商务英语翻译的首要前提应该是注重国内外企业文化之间的内在耦合性与本质差异性，有效体现国内外企业商务活动交往之间的文化适应性。

3. 全面构建商务英语翻译的内部环境

文化适应性作为商务英语翻译能否取得实质性突破的关键要素，说明商务英语翻译要与我国传统文化价值理念相一致。商务英语翻译是体现企业亚文化的一种手段，是社会宏观的大文化在企业中的投射，因而商务英语翻译必须体现出社会的宏观大文化。所以，中国企业商务英语翻译的文化基础就应该是中国优秀的传统文化，中华五千年的历史文化是人类的一种本原文化，是在与各种文化、思想、观念不断碰撞、借鉴和融合的历史过程中积淀而成的，是中华民族智慧的结晶与表征。儒家的"仁、义、礼、智、信"思想，道家的"天人合一"思想，"道可道，非常道"的真理追求意识，"无为而治"的管理意识和"有生于无"的创造观以及孙子的"五事七计"以道为首的思想等优秀传统文化，无疑是培育和建构商务英语翻译理论的重要基石。

长期以来，我国商务英语翻译理论缺乏中国特色，究其原因主要是没有把中国传统文化中的思想精华借鉴和应用到商务英语翻译理论中。实践表明，只有建立扎根于现实土壤，具有我国传统文化特色的商务英语翻译，才能使企业发展具备永续的原动力和发展的持久力。[1]

综上所述，商务英语翻译应置于中国的传统文化背景中去深入探讨。研究商务英语翻译与中国传统文化和当代社会文化的关系，商务英语翻译与企业管理、企业环境、企业发展和企业创新的关系等，提出具有中国特色的商务英语翻译理论体系和模式，加强商务英语翻译理论应用、测量、评估、诊断和追踪的实证性研究，从而形成独具特色的商务英语翻译管理模式，推动经济组织交往的无缝对接。

第五节　商务英语的跨文化差异

商务英语翻译文化差异的主要内容：不同的民族有不同的历史背景、风俗习惯、文化传统。因此，从事国际商务英语翻译的人员必须了解本国和他国的基本文化差异，并设法使这些差异在翻译转换的过程中消失。一般来说，中西方的文化差异有以下几方面：

一、生产生活的物质基础的差异引起的翻译差异

生产生活的物质基础不同，也造就了人们对不同动物的好恶。中国是一个传统的农业国，因此对牛、羊等动物很喜欢。而作为英语传播者的英国是个临海国。因此，其文化生成者未必对中国的牛、羊有相同的感觉。广州的"五羊"牌自行车就是典型一例。当"五羊"被译为"Fiverams"，出口到英美国家时，它的销量并不景气。原因是"ram"一词在英文中虽可表示公羊，但也可表示猛撞、撞击之意。"Fiverams"译为"Fivegoats"，不可取，有"好色之徒"之嫌。由以上分析可见，"五羊"的字面忠实翻译很难做到。如果从目标语的语言、文化及受众的感受入手进行翻译，比如，译成音义结合的"We-Yoimg"是不是能够表达自行车使人年轻、快乐、无忧的美好愿望呢？

二、自然环境的差异引起的翻译差异

1. 地理位置的差异

英语单词"Zephyr"（西风）反映了英国特有的文化。在英国人的意识中，西风是温暖和煦的。这是因为英国西临大西洋，东面是欧洲大陆，西风从大西洋吹来。英语西风蕴含着特殊的文化信息，那么英国的汽车用 Zephyr（西风）做商标就成了自

[1]　陈桂琴.大学英语跨文化教学中的问题与对策［M］.哈尔滨：哈尔滨工业大学出版社，2017.

然而又可以理解和接受的事情。但是,在有着几千年古老文明的中国,用"西风"做商标就无法让人理解和接受了。与此相反,中国人有东风送暖之说。所以,中国第二汽车制造厂生产的汽车商标为"东风",而绝不会用"西风"作为商标。

2. 谚语的差异

不同的自然环境也造就了谚语不同的词语侧重点。谚语是语言的精华凝练剂,是劳动人民和作家在自身的实践中对各种生活现象进行综合概括和锤炼出的生动、精练的固定语句,能用简单通俗的语言反映出深刻的道理。另外,我们在商务交际中运用套译法时,一定要注意文化背景的差异,尽量不要用包含中国地名或人名的汉语谚语硬套英语谚语,也要避免西方的地名或人名出现在汉语谚语的英语译文里,以致和原文的上下文语境形成矛盾或不伦不类的尴尬情况。

三、风俗习惯和民族心理的差异引起的翻译差异

1. 颜色的文化差异

不同文化背景的人对颜色的认识尽管有相似之处,但他们对各种颜色的感觉有可能不同,甚至截然相反,其原因在于其国家所处的地理位置、历史文化背景和风俗习惯不同。例如,英语国家视红色为残暴、不吉利,红色意味着流血。在中国红色预示着喜庆,中国人结婚习惯穿红色衣服。

2. 数字的文化差异

众所周知,在西方"13"被认为是不吉利的数字,人们通常避免使用"13"这个数字。在中国的传统文化中,数字"13"却没有这种文化含义。其他数字如8、7、9等也具有明显的文化差异。

3. 对事物认识的文化差异

在西方神话传说中,dragon(龙)不是吉祥动物,而是表示邪恶的怪物。在中世纪,dragon 是罪恶的象征。另外,dragon 还有"泼妇"的意思,由此可知,dragon 在英语国家人中所引起的联想与中国人的"龙"完全不同,所以翻译时就要特别小心。

四、针对文化差异影响应采取的对策

文化差异对商务英语翻译的影响是很大的,随着国际贸易日益频繁、对外贸易不断发展,商务英语的应用越来越广泛,笔者认为有必要对此做些对策性探讨。

1. 大量的本民族文化与目标语文化常识的输入

文化的特征显示,文化不是个人特质,而是个人所属的社会的特质。每一种文化都是一组复杂的与众不同的特性,涉及社会生活的各方面。所以,两种文化的不可对

译性直接表现在对文化的理解上。大量文化知识和文化习惯的习得，是直接解决跨文化商务翻译冲突的最有效方法。

2. 进行句法分析并判断逻辑关系

要确切了解源语文本的信息，有时需要分析、研究句中或句间的内在关系，特别是句中暗含的逻辑关系，还应根据需要调整语序，并依靠这种逻辑关系组织译文，译出源语文本的内涵。

3. 准确透彻理解英文词语

正确理解源语文本，不能只停留在表层意义上，要透过表层理解深层的含义。这里所谓的理解就是要懂得源语文本所要表达的思想内容。译者在理解领悟之后，要做恰如其分的转义引申或进行逻辑思维的推理，将源语文本的内在含义或弦外之音译出。

4. 注意语言环境对关键词语的影响

英译汉时，需注意周围词语对某个词语，特别是关键词的影响。因此，对一些关键词语的翻译要"活用词典"，切不可生搬硬套词典上的词义。通过逻辑思维，将源语文本融会于心；通过综合分析，取以恰当的词语表达。[1]

5. 遵守商务名词术语翻译规范化原则

译名要符合科学性与约定俗成的习惯，例如，nylon（尼龙）不能译为"耐论"，speculateinshare（炒股）不能译为"探索股份"，术语 Old Lady（英格兰银行）不能译为"老太太"。要准确区分不同专业术语，做到正确筛选使用。

商务英语翻译必然会面临着文化差异的问题。处理英汉语言差异很大程度上取决于译者对东西方文化的理解和把握以及对文化的载体——语言的理解和把握。商务英语翻译涉及多种文体特征和体裁，面对着多种多样的人群。因此，也更能体现出两种语言及文化之间的差异。在应用直译与意译两种翻译方法的同时，时刻关注两种语言及其文化之间的差异有助于翻译质量的提高，更好地做到"信、达、雅"。

第六节　跨文化语境下商务英语探究

在跨文化语境的背景下，无论是文化差异还是思想观念都会在很大程度上影响商务英语翻译活动，甚至可能导致商务英语翻译词不达意，阻碍了实际商贸活动的正常开展。所以，我们商务英语翻译专业人员为了保证翻译结果的准确性和可靠性，

[1] 王光林，彭青龙.商务英语教学与研究［M］.上海：上海外语教育出版社，2008.

必须对各种商务常识和中西方文化风俗都有一定的研究，在商务英语翻译中尽可能客观忠实地还原商务英语的本来意思，为跨文化交流的活动清除障碍，保证其顺利有序地运行下去。在进行商务英语翻译时，既要遵循基本翻译原则，同时又要充分考虑到文化差异，这就对我们翻译人员的专业素质提出了更高的要求。

一、商务英语概述

在跨文化语境下，人们的思想观念、行事作风等都会有很大的不同，而且就是在同一样事物上人们的理解也会千差万别，中国人崇尚伦理道德，崇尚中庸的思想，而西方人更加注重科学、理性。这就使得双方在理解问题时会出现偏差，而这些思想观念和文化差异会使得商务英语的翻译变得更加艰难。在商务英语的翻译过程中经常会出现一些词不达意、误解的情况，这样就使得商贸活动受到一定的阻碍。在社会主义经济条件下，要促进我国经济的快速发展，商务英语专业人员要保证翻译的准确性和可靠性，促进商贸活动的顺利进行。

商务英语源自普通英语，又比普通英语具有更高的专业性，在语言上也是力求精练简洁，不需要过多辞藻的修饰，书面形式较多，要求有较高的逻辑性，同时，由于商务英语中包含着很多与职业相关的信息和理论，所以具有较高的专业性。由于商务英语是运用于两个国家之间企业经济活动的交流，那么在礼貌用语的翻译上也就很重要了。在不同的场合中要使用不同的礼貌用语，中国是一个礼仪之邦，随着国际交往的紧密，礼仪在人与人之间的交往中显得尤为重要，商务英语的翻译中要注重各方所站的立场，在忠于事实的情况下使用得体的礼貌用语。

普通英语是商务英语的基础，一个高素质的商务英语人才必须具有较高水平的普通英语，能够从职业化的角度去顺利地运用英语，对于商务活动所涉及的方方面面都能用英语来表达，而且还要在翻译时保留原文中的文化意象，可以说，商务英语工作人员要与外国人打交道，要学会如何与他们进行合作，如何协调配合工作，要站在他们生活习惯的角度上思考问题，也就是说包含了文化概念。

二、商务英语翻译中的跨文化语境以及相关的语用原则

（一）商务英语翻译中的跨文化语境

商务英语翻译是人们进行商务活动时的跨文化语言交际，跨文化语言交际离不开特定的语境。一般来说，语境就是语言交际所依赖的环境，它包括：①语言语境，即文章或言谈中话题的上下文。②人们交际时共处的社会环境，即说话人使用语言

和听话人理解语言的客观环境。如商务交际场所,商务交际双方的身份、地位和彼此之间的关系以及双方的商务背景等。③交际双方各自不同的认知环境,即各自不同的经验、经历、知识等。从另一角度,也可把语境分为两部分,即语言知识和语言外知识。跨文化属于语言外知识,跨文化语境中的各个因素都可能影响交际双方话语的表达和理解,从而关系到交际能否成功。商务英语虽然是由普通英语发展而来,但在商务英语中许多的词和词组被赋予了新的意义,要准确把握它们的含义就必须将它们放入正确的语境中来理解。

(二)相关的语用原则

在商务英语翻译过程中要充分考虑跨文化语境,同时要注意相关的语用原则,主要有礼貌原则和合作原则。

礼貌原则通常被理解为说话人为增加或维护双方的和睦关系这一目的而采取的策略。Leech 说过:"不同场合需要不同种类的礼貌。"由此可见礼貌原则在语言使用中的重要性。商务英语翻译译员应充分考虑商务活动双方的平等贸易关系,翻译中要使用委婉得体的语言。

合作原则指交际双方是互相合作的,说话人都怀着互相理解、配合的愿望。合作原则主要有四条准则:①质的准则。努力使自己所说的话是真的。这就要求商务英语翻译译员不要言过其实或者表达不够充分,绝不能弄虚作假,应以实事求是的态度表明商务交际双方想要表达的事情。②量的准则。所说的话应包含交际目的所需要的信息。这要求商务英语译员在翻译过程中完整地把信息表达出来,使商务交际双方能够明确彼此真正的意思。③关系准则。商务英语翻译译员要善于联系商务活动的前因后果,适当地结合相关因素,及时准确地对得到的信息做出处理,以推动商务活动顺利进行。④方式准则。翻译效果要清楚明白,要避免晦涩难懂,避免歧义,要求简练、避免啰唆。

三、跨文化语境下商务英语翻译需要注意的方面

在跨文化语境下商务英语的翻译既要求保留文化意象,又要求翻译的专业性和准确性,这就对商务英语工作人员提出了较高的要求。那么,在跨文化语境下,商务英语的翻译应该注意哪几点呢?

(一)意译与直译结合

一味地使用直译或单纯使用意译都不利于原文文化意象的保持,只有将两者完美地结合起来,在该直译时选择直译,该意译时选择意译。翻译中注意保持原文的文

化意象,促进商务活动的交流和沟通。因为商务英语的专业性要求比较高,所以在翻译时要力求用词的精准,能够最大限度地表达原文的意思。要实现在不同的文化语境下的顺畅表达和理解,需要商务英语工作人员极度熟悉两种文化,能够理解这两种文化,能在这两种文化语境下寻找到翻译的最佳契合点,做到翻译的准确性和可靠性。

(二)译文的流利顺畅

商务英语的逻辑性要求比较高,而且多以书面形式存在,所以在翻译时就要注意译文通篇的流利顺畅,一篇完美的译文要有着较高的逻辑性,不需要华丽的辞藻,只需要语言的简洁精练。所以说,在商务英语的翻译中,工作人员要从原文的文化背景出发去理解文章,真正摸透原文表达的意思,然后再进行翻译,翻译出来的文章要具有整体逻辑性,不能是东一段西一段的。作为文书出现的商务英语的逻辑性要求比较高,这就像人们在写文章时一样,要从整体上对文章进行把握,让文章的段与段、句与句之间都有着一定的内在逻辑性,能够使得翻译出来的文章展现出独特的严谨和严密。

(三)在两种语言文化中寻找契合点

商务英语的规范较高,要求也较高,要求工作人员既要充分理解这两种文化,又具有高度专业的知识,能够在这两种文化中寻找到契合点。有时候会碰见一些难以理解的语言现象,比如说,中国人的歇后语、古诗,这些在翻译时要用英语精练地表达出意思很难,由于歇后语很多都是一种谐音带来的幽默风趣,这就使得翻译较为困难。商务英语的翻译要在两种文化中寻找契合点,最大限度地保留原文的文化意象,促进双方商务活动的顺利进行。

四、跨文化交际过程中商务英语翻译的策略

(一)结合语境,增强文化差异意识

大多数的商务英语词汇都包含多重含义,比如,"security"一词,我们对它最为所熟知的翻译为"安全",但在商务英语翻译中,它还有"抵押""证券"等意思。所以,翻译时要结合语境,灵活运用。首先,在通篇翻译时,要抓住全文的中心,体会笔者所要表达的真正含义;其次,身处在不同国家的人,受到不同的环境和文化的熏染,他们对同一问题也必定有各自的见解。由此可见文化差异的产生和存在是客观的,要实现不同文化语境下商务活动的顺畅进行必须做好商务英语翻译工作,换句话说,

要实现商务英语翻译的准确性和切合性需要商务英语翻译人员充分了解中西方文化背景、差异的具体表现、风俗习惯等方面，唯有如此才能正确认知差异并找到弥合差异的"落脚点"。对此，商务英语翻译者要做到如下几点：首先，树立环境意识，在生活和工作中不断积累经验；其次，提前做好文化功课，有备才能无患；最后，尊重贸易方的原意，尽量避免产生误解。

（二）加强商务英语翻译规范与一致性

商务活动中的文件十分具有专业性，若要保证翻译出的内容准确，具有真实性，加强规范与一致性，翻译人员要在翻译时选择正确的句式和词语，务必要忠于原文，灵活地转化用法，简洁、直接地将原文的含义表述出来。遵守翻译的一致性和规范性原则，可以使翻译出的内容更加贴切。林语堂先生说过，翻译不可能做到绝对的忠实，一百分的忠实只是一种梦想，能达到七八成、八九成的忠实，已为人事上之极端。总而言之，没有绝对的翻译标准。但是，我们应该做的是力求达到理想中的最高标准。[1]

（三）选择合适的表达方式

商务活动是国家间的交流，由于所处的国家不同，接受的文化不同，所以在表达同一件事，往往会表现出文化差异。因此，在实际商务英语翻译过程中，有必要依据国家双方的文化背景来选择相符的表达方式、正确的词汇进行精确的表达，这在商务交往中是至关重要的。如果没有做到这点，仅仅根据自己国家的文化随意翻译，而不考虑中西方之间的文化差异，很容易被误导，最终会影响双方合作。商务英语翻译者要提升文化差异意识，做好合作国的文化功课，再把了解学习到的内容融入实际翻译中去，这样才有利于把握国家与国家间的合作机会，促进合作顺利进行。

---

[1] 张喜华，郭平建，谢职安.大学英语中的跨文化教学研究［M］.北京：北京交通大学出版社，2019.

第 二 章　商务英语教学的发展及展望

第一节　商务英语教学的发展历程

语言学研究表明,语言是随着社会的发展而发展的。商务英语学科作为专门用途英语的一个分支,其出现和发展必然有其社会历史渊源。在第二次世界大战结束后的一段时间,人类社会开始进入了一个前所未有的、大规模的科技和经济高速发展的时代。由于战后的美国在科技和经济方而发展最快,成了举世瞩目的科技和经济强国,所以,美国的官方语言——英语便成了国际上科技和经济活动中最通用的语言交际工具,20 世纪下半叶,由于学习英语的观念和目的发生变化,在英语教学的课程设置和教学内容等方面发生了一场革命。这场学习革命的结果是专门用途英语应运而生。专门用途英语在欧美国家的发展始于 20 世纪六七十年代,当时首先兴起并得到迅速发展的是科技英语。商务英语的发展则稍晚一些,于 20 世纪 80 年代才热门起来。现在,每年世界各地都有大量的考生参加英国剑桥商务英语(BEC)考试和美国普林斯顿考试中心的国际交际英语(TDEIC)考试,商务英语学科在中国兴起和发展与近现代中国的历史命运密不可分,形成了具有时代特色和中国特色的商务英语学科。本节内容主要介绍一下中国商务英语学科的发展历程。[1]

一、商务英语教学兴起

20 世纪 50 年代初,新中国在北京设立的高级商业干部学校,即对外经济贸易大学的前身,是商务英语教学的发祥地。当时的课程被称作"外贸英语",并一直沿用到 20 世纪 80 年代。

改革开放后,随着中国科技和经济的崛起、国际贸易的不断增多和国际地位的不断提升,对商务英语人才的需求日益增长,关于商务英语学科和教学的研究也就在中国兴起并很快成熟起来。

---

[1]　夏璐. 高校外语教育与研究文库 商务英语教学设计［M］. 武汉:华中科技大学出版社,2016.

二、商务英语教学的发展

从 20 世纪 70 年代末开始，中国实行对外开放政策，发展社会主义市场经济，英语专业的学生除了需要学习英语语言外，还需要学习商务知识，学校开设了相关的商务课程，比如，国际营销、企业管理、国际贸易、国际经济合作等课程，学习这些课程就是为了把商务知识和语言知识融合在一起，即在学习语言的同时学习商务知识，在学习商务知识的同时提升语言的能力。

商务英语作为独立的学科被承认则仅仅是在 2007 年，即教育部 2007 年首次批准在对外经济贸易大学设立我国第一个商务英语本科专业。这标志着商务英语经过 50 多年的发展，第一次在我国高等教育本科专业序列中取得了应有的学科地位。继对外经济贸易大学设立商务英语本科专业之后，2008 年教育部又批准广东外语外贸大学和上海对外贸易学院开办商务英语专业，在此之前的 10 多年中，不少高校的英语专业转往商务英语方向发展，教师的商务英语研究成果辉煌，学生热衷于报考商务方向的英语专业，全国范围的商务英语研讨会越开越大。

自 20 世纪 80 年代中后期以来，我国已有 300 余所大专院校开设了国际商务英语课程或设立了国际商务英语学科，我国商务英语教学起步较晚，针对这方面的教学与研究是从 20 世纪 90 年代兴起并很快形成热潮。20 世纪 90 年代是商务英语在中国快速发展的时期，商务英语培养复合人才得到国家认可。这种途径开始受到广泛重视，目前我国一些实力较强的经贸类院校和外语院校不但招收了商务英语专业的本科生和专科生，也招收以商务英语为研究方向的硕士研究生，中国国际贸易学会，还成立了国际商务英语专业委员会。[1]

但是，我国对商务英语的指导思想还未形成统一认识。目前我国高校的商务英语专业教学在认识上还存在不同程度的偏颇，专家认为现行的商务英语课程体系，从教材选择、教学环境到教学方法基本上沿袭了普通高校大学英语的教学模式，未形成具有职业特色的课程体系，此外学术界对商务英语专业学科定位也存在争议，例如，商务英语专业培养的是懂英语的商务人才还是懂商务的英语人才？我们需要的是具有深厚英语功底的商务教师还是具有商务背景的英语教师？在教学中是以英语教商务还是以商务为内容教英语？因如此，目前国内对商务英语教学还没有统一的教学大纲，没有统一的课程标准。

在这里，笔者认为商务英语是英语语言和商务知识的完全融合，在语言的学习使用过程中学习商务知识，在商务知识的学习过程中提升语言的应用能力，二者相辅

---

[1] 王维荣.跨文化教学沟通［M］.北京：教育科学出版社，2013.

相成,不应该单独强调哪一方面,二者的地位应该是平等的。

第二节　商务英语教学的预设思想

社会对商务英语的需求,使得在目前高校英语专业中,商务英语成为热门的专业方向。这一方面反映出社会对复合型外语人才的不断需求,另外也说明在对外开放的热潮下造成一些对商务英语急功近利的吹捧,人们不免会对商务英语盲目崇拜,这必然隐含了诸多不合理因素,使商务英语的教学在各方面还存在诸多问题。

一、学生的英语综合素养问题

在商务英语的教学过程中,通过对学生的长期观察,发现学生在英语综合素养上还存在一些问题,主要包括以下几方面:

(一)阅读习惯不良,阅读能力不强

学生中普遍存在阅读习惯不良的问题,低声诵读、默读、用手指着文字阅读、逐字逐句阅读、回读、查字典、下意识地将阅读材料译成母语等都属于不良阅读习惯,商务英语阅读与普通英语阅读不一样,不能把阅读普通英语文章的方式转移到商务英语阅读中。

另外,许多学生阅读分析理解能力差,只重视语言点的分析和学习,解读文章时仍然沿袭传统的自上而下的解读模式,逐字逐句解读单词、语法点,对语境把握不足,对文章的内容主题、实际背景下的用意把握不清,忽视篇章结构的整体概念,这在很大程度上妨碍了学生阅读理解能力的提高。[1]

(二)商务词汇量不足

商务阅读中往往会出现较多的经济、贸易、商务和社交等方面的专业术语,而在商务英语阅读的过程中,一些普通英语阅读中的核心词意思也可能会发生改变,又或者语篇中会出现一些日常生活不常用的专业术语而大部分学生的专业词汇和专业表达知识仍然不丰富,常常按一般文体的定义去推断商务情景下的表达意义,这样一来,学生在商务阅读过程中只会是一头雾水,甚至可能使整个理解出现较大偏差,例如,dumping 的一般含义是指(垃圾)倾倒,而在商务英语中一般表示(向国外)倾销。另外,在阅读过程中,有些学生花大量时间查字典,转移了注意力,最终很容易

---

[1] 王光林,彭青龙.商务英语教学与研究[M].上海:上海外语教育出版社,2008.

丧失阅读兴趣。此外,商务阅读的文章里有不少关于商务方面的专业术语甚至在中文里都难以理解,有些学生一看题目都不懂了,看下去的兴趣就大大减少了,抱着这样的一种心态阅读文章,只能是越看越觉得力不从心。

(三)专业背景知识贫乏

在教学中发现,即使在给出专业术语和其他生词词义的情况下,有些学生仍然不能很好地理解文章。究其原因主要是商务英语虽然是英语语言学科的一个分支,但其内容常常涉及对外经贸、国际商法、经济、金融等学科,这就要求阅读者掌握一些相关专业的知识,才能实现有效的阅读,但许多学生都是初学者,对商务知识的掌握都很少,更不要谈有什么相关的商务工作经验,这也成了他们阅读过程中的障碍。可见,学生阅读能力低不仅仅是词汇量少等纯语言性的问题,更涉及外贸业务流程以及背景知识问题,因此在商务英语阅读过程中,缺乏一定的商务知识做铺垫,商务阅读的进行显得极为困难。对材料所涉及的相关知识、发展历程、最新进展以及未来趋势的了解和把握对于学生真正理解文章内容非常关键。

二、教学实践中存在的问题

商务英语是一门专门用途英语,其教学具有特殊性,学生对通过语言学习来掌握商务知识有欲求。于是,从教学内容的角度来说,阅读技能的训练和商务知识的教授就形成了两股课堂教学的主线,两线难分主次,也难以融合。商务英语阅读教学很难解决好既体现语言特色又体现商务特色的问题。到目前为止,商务英语教学实践中仍存在大量的问题。

(一)不能调动学生学习的主动性

商务英语教学的特点之一就是它既包括普通英语的内容,又包括商务知识的内容。商务英语涉及相当广泛的专业词汇和知识,比如,经贸、金融、会计、保险、税务、运输、法律及管理知识等。如此宽的领域,在普遍课时紧的情况下,仅仅靠老师在课堂上的"教"是不够的,更重要的是学习者的"学"。如果学习者在学习上缺乏独立性和主动性,过分地依赖老师,习惯接受"填鸭式"的教学,导致学习者被动、局限地跟着老师走,等待着老师来"传道、授业、解惑",而且使学生养成"有问题就问"的心理定式,从而不知不觉放弃了自己去解决问题的尝试。

大部分院校的商务英语课程教学还是以传统的"以教师为中心"的教学,是由教师一个人讲,而且教师在课堂上具有权威性,学生们应该听讲、做笔记,并按时完成教师布置的作业。在整个教学过程中,教师将知识传授给被动接受的学生。课堂上学生大部分保持沉默,不愿意参与课堂实践与讨论,严重地影响了学习效果。

（二）教学效能较低

当前高校逐年扩大招生,班级人数不断增加,即使是英语教学班人数也大多超过50人,甚至更多,给商务英语教学带来了很大的困难和挑战学生水平参差不齐,兴趣差别很大,学生参与各种课堂活动的积极性差别也大,布置的任务对部分学生而言太难,对另一部分学生而言又太易,教材只对部分学生合适,使教师的教学难以满足所有学生,无法保证全部学生有效学习。另外,社会和学生对商务英语教学的效能期待值越来越高,期望用最短的时间获得最有效的培训,能够达到商务场合使用英语游刃有余的境界。

（三）缺乏交际能力的熏陶

商务英语教学不仅要培养学生的语言能力,同时也要培养学生进行跨文化交际的能力,使学生毕业后能使用英语这个工具成功地进行跨文化交际,这就要求教师在教学中导入跨文化交际意识,培养学生对文化差异的敏感性和文化适应性,引导学生在课外对西方文化进行自觉的接触,学生通过报纸、杂志、电影、电视、网络等媒体方式耳濡目染地熏陶来达到了解西方文化的目的,自然产生西方与中国文化的对比,形成兼承两种文化的意识特色,从而在商务活动中自如地进行跨文化交际。

（四）教学情境缺乏

商务英语最明显的特点为它是"商务环境中所常用的英语","其语言教学的重心具体在商务环境"。因此商务英语教学首先要对学习者的目标环境进行分析,让学习者置身于具体的商务情境,最大限度地调动学生的学习热情,积极主动地参与到课堂中来。这就需要教师在教学过程中模拟真实的商务场景或将学生带到真实的商务场景中去,让他们亲身体验。而现实中的《剑桥商务英语》课程教学中,我们的教师过分地花大量的时间在语言本身的学习上,强调语音、词汇与语法的学习,忽视了商务英语应该定位在"语言能力"上。其次,现实教学中也难以得到真实商务背景下的教材辅助材料,如一些公司的年度报表、会议记录、纪录片等。

三、教材问题

伴随着商务英语学科的发展,商务英语的课程设置也由传统的"外刊选读""外贸函电"和"外贸口语"三门基本课程,发展到包括管理学、经济学的一些主干课程的综合课程体系。综合的课程体系对商务英语学科的教材建设也提出了新的更高的要求。目前，各高校所使用的商务英语教材主要分为两个大类：一类为国内主流出版社直接从国外引进的管理学、经济学、金融学、会计学和 MBA 系列英文影印版书籍，如上海外语教育出版社从美国世界贸易出版社引进的"国际商务简明教程系列"；另一类为国内学者为适应商务英语教学的需求根据原版教材改编或自编教材，如对外经济贸易大学等高校联合编写的、由高等教育出版社出版的"商务英语系列教材"，无论是引进还是自编的商务英语教材，都或多或少地出现了与目前国内商务英语教学现状相脱节的一些现象。

（一）教材选材难度不一，缺乏时效性

部分商务英语阅读教材内容通常取自理论性较强的原版书籍、主流报刊和业界有影响力的网站，适合有一定商务知识基础和经营管理经验的专业人士阅读，对于刚刚接触商务英语的学生而言难度较大。还有在部分商务英语阅读教材中，很多内容在商务英语等课程中已经出现过或训练过，这让学生有重复学习的感觉，同时，因为商务事件层出不穷，时效性强很多教材中选用的新闻已经成为历史，时效性难以保证。

（二）教材编写模式单一，缺乏实用性

目前，在国内市面上的商务英语阅读教材种类繁多，但许多教材只是一些商务文章的简单罗列，零散素材的简单堆积，缺乏整体的规划和系统的安排，不能很好辅助教师教学以及指导学生学习，实用性差。商务英语阅读课程的教材建设不能简单地成为素材的堆积，还应该有相关的背景知识介绍，和对文章恰当的解释和分析，阅读理论和技巧的适当点播以及全面的配套练习等，素材选择更应该整体规划，有一定的连续性、逻辑性和系统性。

（三）教材配套练习单一，缺少系统性

大部分商务英语阅读教材的练习设计单一，以精读练习题的模式为主，注重对阅读材料内容的理解，但背景知识的补充较少，缺少系统的阅读技巧介绍和有针对性的实践练习。很多话题讨论过于形式化、表面化，缺少对事件背后的深层次解读和分析，批判性阅读几乎没有涉及。

究其原因是教育部的英语本科目录里加设商务英语这个专业的时间并不长，之前的商务英语教学一直缺少统一的明确的标准，很多学校虽设商务英语系列课程，但对商务英语学科的定位和理解上不一致，有的把它看成是大学英语的一个重要组成部分，有的把它作为英语专业的主干专业课。由于商务英语教学目标、教学对象及教学内容不明确,因此,教材的选择也各随己见,没有统一的标准和原则。

四、教师问题

商务英语教学对授课教师的素质要求很高、教师要有扎实的英语基础、宽广的知识面和足够的商务专业知识。但商务英语教学队伍的现状是令人担忧的,师资力量匮乏和专业化程度不高是当前商务英语教学的瓶颈。究其原因主要是85%的商务英语授课教师都是原有外语系或外语学院的专业课英语教师,甚至是大学英语教师。即使在一些国内知名的院校,英语语言学或文学专业出身的商务英语教师也要占到一半以上。尽管他们在英语语言驾驭能力上具有优势,但在国际经济学、国际法学等专业知识方面欠缺太大,尤其缺乏实践能力。许多教师在上课时只能硬着头皮讲授连自己都不太懂的知识内容,更别说指导学生解决现实中的商务问题了。这样的教师队伍是无法胜任商务英语职业教育的。如此教学只能有以下结果:一是照本宣科,简单问题一掠而过,复杂问题避而不谈;二是商务英语课名不副实,课堂上很可能汉语占到主导地位;三是内容已经使教师感到力不从心,科学的教学方法和教学模式就更无从谈起。

师资的匮乏确实成为影响教学效果的重要因素,但很少有人思考师资匮乏背后的原因。如今在重商主义的社会背景下,在需求大于供给的情况下,采用速成的方式培养我们的老师和学生都是不可取的。商务英语的教学是一个同化的过程,需要时间的磨砺,如果用太浮躁的心情去面对教学是会事倍功半的。

需要提供给师生一个多元化的平台,让其亲身参与到商务活动之中,而不能仅仅停留在说教上。否则即便是一个实战经验丰富的教师,学生听起课来也未必能心领神会。

第三节　商务英语教育的未来展望

商务英语作为一门与世界外贸经济接轨的学科。要求学生不仅拥有扎实的专业英语基础知识,还需要具备商务知识和商务环境中灵活运用英语的实践能力。商务英语的教学主要对策和发展趋势表现在以下各方面:

一、课程设置多层次、多样化

为适应新时代的发展要求,现代科学需要各个学科之间互相渗透、相互综合。因此,在商务英语课程设置上,需要更多地体现多层次、多样化发展特征,以满足学生的发展要求,提高学生多学科性、综合性发展,拓展学生多层次、多样化的视野。同时,为了适应社会各界对商务英语不同层次的人才需求,各个院校在此课程设置上,不应局限于英语知识或者商务专业知识的培养,而需要在语言技能、商务实践环节、人文素质三方面加强培养,并与各个领域相结合来开设更为合理、更实用的课程,培养更多符合市场需要的复合型专业人才。

二、师资力量进一步改善

只有拥有了强大的专业化的师资力量,才能让学生拥有更好的发展。针对商务英语专业化师资缺乏的现状,笔者认为:首先,应当加强传统英语教师商务知识的学习和培训,使其掌握商务英语的重要性,以便更好地实施教学活动。其次,可以选择一些教师进入相关外贸公司或者商务有关部门,进行短期的实践操作和培训,提高教师商务英语实践教学的意识和能力。最后,需要重视本身具备商务英语基础的教师,加强其实践能力的培养和培训。

三、改革教学模式和教学方法

为适应日益发展的外贸经济需求,改革高校商务英语的教学模式和教学方法是必然的发展趋势。首先,需要加强教师与学生互动的改革,采取以学生为主体,教师为主导的师生协作的教学模式。在这种模式中,教师不再是课堂上的主角,而是整个课堂的设计者和参与者,教师应当根据学生的基本情况,来设计相关的课堂内容、分组讨论话题、教学活动项目、模拟情境等多方面的师生互动活动,培养学生的积极性和创造性思维。其次,需要执行案例讨论模式,案例法教学模式主要在于培养学生的分析技巧、思维能力、沟通能力。教师针对案例设计思考题,要求学生尽可能以英语为主要表达语言,来参与、思考、分析和辩论,实现学生口语表达能力、思维应变能力和沟通技巧的提高。最后,实施商务真实环境模拟教学模式。利用教师和学生之间的互动,扮演商务环境情境中一定的角色,来实现商务环境的交换思维、表达应变思维能力和工作实践能力的逐步提高。

四、学生实训教学科学化

实训教学不仅能巩固学生的英语和商务的基础知识,而且能够培养和提高学生从事商务环境工作的职业能力。首先,以理论为主,配合实验教学,打好学生的商务英语专业的理论基础,安排一定的实训教学活动和项目来增加学生的感性认识。其次,增大实训教学的力度,让学生不断地通过实训教学,熟悉商务活动的主要环节,能够熟练运用商务英语专业知识。最后,增加学生实训的实践性机会,高校需要积极争取与外贸公司、商务部门以及相关商务英语事务的机构合作,安排学生从事商务环境工作的见习,让学生通过实习锻炼的机会提高实践能力,生本教育倡导教学中以学生为主体,以提升学生的生命价值为本,自这一教学思想提出后,学术界对其进行了理论研究和实践探索,在社会上引起了强烈的反响。本书在思考生本教育在商务英语教学中的作用及基础,追寻生本教育的理论渊源,反思师本教育的弊病,以期使生本教育思想的本质在商务英语教学中得到真正的落实。

五、生本教育理念

(一)生本教育理念的提出

生本思想即以学生为中心的理念,第一次出现于皮亚杰的儿童中心论中,它认为学生是认知过程中参与学习的主体。他认为教育的真正目的并非增加儿童的知识,而是设置充满智慧刺激的环境,让儿童自行探索,主动学到知识,因此我们在教育中要注意发挥学生的主体性,不要把知识强行灌输给学生,而要向他们展示能够引起他们兴趣的材料,促使儿童依靠自己的力量解决学习中的问题。

(二)生本教育思想的核心内涵

"生本"的教育理念的核心,即以学生为本。重视学生的需求、目的、兴趣、能力、学习风格,调动学生的主观能动性,让他们有目的地学习和使用语言,教师承担的角色是组织教学活动,培养学生应用能力,激励学习积极性。"生本"的教育理念体现了人文主义的教学法。人文主义教学法就是将学生的情感、思想、知识和学习内容结合在一起,学生从精神到语言和行为都要全身心地投入。在英语教学过程中,要满足学生的情感要求,拆除学生心理屏障,提高他们的自信心。

(三)生本教育思想的理论基础

人本主义学习理论是20世纪50年代末到60年代初期兴起的一个心理学流派。人本主义学习理论的代表人物是罗杰斯,他认为:"人类具有天然的学习潜能,但是真正有意义的学习只发生在所学内容具有个人相关性和学习者能主动参与之时;个体在他们自身内部就有巨大资源,如果能提供一定的具有推动作用的心理气氛,那么,这些资源就能被开发。"换句话说,只要有一个良好的学习环境,学生就可以凭借自身的力量,自动、自我地完成学习任务。根据人本主义理论,教师要了解学生的兴趣和爱好,尊重学生在课程内容上的选择权。"充分挖掘学生的内在潜能,注重学习者个人的观点,尊重学习者的个性发展要求,强调学习者的个人价值,把促进学习者的全面发展作为教学的最终目标",要转变以教师为中心的教学模式,教师要转换成学生学习的推动者和帮助者。

(四)生本教育思想的角色分担

1. 教师角色

教师不是知识的讲授者,而是"课程的开发者""教育行动的研究者"和"知识探究的激励者、组织者和指导者"。"生本教育"虽然强调以学生为主,但是,这并不意味着教师角色不重要,反而更加重要。在英语教学中,教师主要承担设计教学活动,调动学生积极性和热情。教师还要学会倾听学生的诉求,掌握学生内心情感的变化和起伏,帮助学生排忧解难。

2. 学生角色

学生是语言学习的主体,学生不仅可以自主参加学习活动,而且应对自己的学习负责。学会由被动学习到主动学习。学生是教学活动主体和中心,是学习的自控者和管理者。在英语教学中,教师应当尊重和相信学生,让学生有机会表达自己的观点,学生有自我展示能力和情感的机会。当学生实现自我的需求得到满足时,反而进一步推动了学生学习的主观能动性和热情。

六、生本教育思想在商务英语教学中的运用

(一)营造活泼的语言环境,开展兴趣教学

学生讨厌书本一样的讲话,英语课堂教学不仅仅是知识的传授,更是在特定的语言环境中培养学习兴趣和主动性。因此课堂活动设计和课堂环境都十分重要。例如,老师在选择话题时,并非完全把书面材料运用于口语训练或完全局限于教材,而应选择一些具有时尚性、趣味性、常识性和贴近生活的话题,采用多样的教学方法,丰富教学内容,活跃课堂气氛,诱发学生思考、参与。

(二)小组活动

语言学家 Bmnfil 指出,小组活动最主要的价值在于能够通过讨论、会话激发自然的语言活动。多开展小组活动,能帮助学生消除紧张感、拘谨感,做到畅所欲言,更重要的是能给学生提供更多的语言实践机会。例如,对于 50 人左右的教学大班,可以把他们分成 11 个小组,每组 5 人,15 分钟之内每人都有机会说 3 分钟。这样的

小组活动就能解决人数多、时间少的矛盾,高效率地利用了课堂时间,也能营造一个大家都来讲英语的氛围,让学生谈得尽兴,听得过瘾,使课堂变得真实自然。事实上,学生有要开口讲的强烈愿望,但由于各种因素,特别是心理因素的影响而怕"出丑"。在小组交谈中,面对的不是知识和能力处于优势的教师,而只是几个与自己水平相差无几的同学,气氛就不会紧张,学生就会增强自信心进行交流了。

(三)教师积极地投入师生互动

我们都知道,师生之间的交往活动是教学活动中必不可少的环节,它是以促进学生的发展为目的,要求在教学中实现教师的教与学生的学统一。在以学生为主体的商务英语课堂教学中,教师是课堂活动的组织者、设计者,是学生学习的诊断者和评判者。教师在组织和引导学生进行语言训练的同时,应始终保持和学生的平等地位,并把自己积极纳入商务英语教学活动中。在学生讨论时,为了避免有的小组讨论激烈,而有的小组却冷场,要注意学生的搭配,检查和帮助每一个小组完成讨论任务。重要的是,对于学生的错误,教师讲求方式,注意策略,适时适度纠正。对于那些不影响交际的错误,没有必要纠正,或私下纠正。要善于表扬、鼓励,捕捉学生发言中的闪光点。另外,在师生互动中,教师也会受到各方面的启发,对教师自身的发展有重要的意义。教师还要擅长组织一些课堂延伸活动,如英语竞赛、英语角、演讲比赛、通过网络查找各种与课题有关的材料信息等,让学生在课堂之外同样能接触到英语,也为课堂活动的顺利开展打下基础。[1]

(四)完善课堂评价体系

在生本教育思想的指导下,商务英语课堂教学实行形成性评价与终结性评价相结合,教师评价与自我评价相统一。"终结性"评价主要是区分学生学习结果的优劣程度,"形成性"评价主要是评价教学过程中存在的问题,促进课堂教学水平的提高,它是一种过程评价。学生自我评价不是横向比较,而是一种纵向比较,比较自己前后各个时间(如学期)不同的学习情况,自我评价有利于学生自己找到自己的问题,主动承担责任,找到解决问题的方法。

生本教育理论为商务英语的教学改革开拓了新的领域,也提供了新的理论依据。运用生本教育理念来指导商务英语教学,让学生在具有发展空间的学习环境中发挥学习潜能、发展学习天性及提高商务英语的运用能力。

---

[1] 王光林.商务英语教学与研究 第5辑 商务沟通研究专辑[M].上海:上海外语教育出版社,2016.

第四节　研究性教学思想

研究性教学是教师以培养学生的研究意识、研究能力和创新能力为目标，从学科领域、课程内容或现实生活中选择和确定专题进行研究，通过教学过程的研究性（教学与研究的有机结合），引导学生进行研究性学习（学习与研究的有机结合）的教学。恰如新的思想总是萌发在肥沃的土壤之中那样，研究性教学也并不是突然出现的，而是有其发展的渊源与脉络。本书沿着时间的主线回顾研究性教学思想的发展，描述不同时期研究性教学思想的表现形式展现研究性教学思想在商务英语教学中的应用。

一、研究性教学思想的概念

研究性教学思想不把传授知识视为教学的最终目的，而是教师为学生创造获取知识的优越条件，让学生在知识探究中形成自己的思考、体验和理解，在教学过程中教师尽心创设一种类似科学研究的教学情境、方法和途径。教师通过指导学生选择和确定与学科相关的问题进行研究性学习，学生在独立的主动探索、思考和实践过程中发展学习兴趣、探究能力、创造个性和真正发现知识的价值与意义，自愿吸收知识、应用知识，解决与学科相关的实际问题，获得新颖的研究经验和教学体验，从而培养学生创造能力和创新精神，提升学生的综合素质。教师也在持续研究学生的理解并与学生合作探究知识过程中发展教学理论、知识和专业素养。这就是研究性教学思想的核心，以创造新知为特点，成为研究性教学不同于其他教学法的亮点。

研究性教学思想认为，学生是有学习能力的主体，学生的学习具有选择性、独立性、自觉性和创造性。在教学过程中，教师的重要任务不是传统意义上的知识传授，而是向学生提出与教学内容相关的系列问题，然后组织学生主动地就相关问题查阅资料、收集相关书籍和文章、自主阅读和学习、思考有关问题，最终教师和学生就相关问题进行讨论并掌握有关知识，即用类似于科学研究的方式让学生获取知识、应用知识和解决问题，在研究性教学中，教师和学生的关系不再是教与被教的关系，而是就某研究论题共同研究和探讨的合作关系。

二、研究性教学思想的特点

研究性教学思想及其教学模式具有以下几大特点：

（一）注重问题意识及其思想的系统培养

作为一种以问题为中心的教学思想所形成的教学模式，打破了以往僵化的教学理念及其教学模式，教师的教学活动是有针对性地选择教学研究主题、设置教学问题环节、引导学生产生疑问、思考问题、主动探索和得出结论的过程。问题就像一条连续不断的线索贯穿整个教学活动过程。

（二）注重培养学生的参与意识

研究性教学思想倡导学生培养参与意识，研究性教学模式有别于灌输式教学模式的另一特点是要求全体参与，教学不再只是教师的事情，更是学生自己的任务。课堂从"单向主导"变为"平等互动"，学生可以及时反馈自己的想法和阐述自己的论证。

（三）注重培养学生的兴趣意识

科学家爱因斯坦曾说"兴趣是最好的老师"。学生对自己感兴趣的专业或事物往往会热心接触、观察和积极从事有关研究性学习活动，并愿意探索与学科专业相关的科学奥秘，学生的专业兴趣与认识和情感相联系，一般说来，对专业的认识越深刻，热爱的情感越炽烈，专业学习的兴趣也就会越浓厚。

（四）注重对学习过程的跟踪和评价

研究性教学与其他讲授式教学模式的不同之处，还在于其不仅重视学生的学习结果，而且更重视学生的学习过程、思维方法和创新意识的提高研究性教学提倡"在做中学"的理念，在质疑的前提下自主对所学的内容有所选择、判断、解释和运用，最终有所发现、探索和创造。

三、研究性教学思想的形成和实践

（一）西方教育领域研究性教学思想的形成和实践

西方的研究性教学思想可以追溯到古希腊苏格拉底的"产婆术"。18世纪法国启蒙思想家和教育家卢梭在《爱弥儿》中提出："人天性具有探究的愿望，教育应尊重这一天性，满足儿童的探究愿望。"这种在教学中鼓励学生主动发现的思想，类似于今日的研究性教学思想。19世纪初期，德国教育学家威廉·冯·洪堡在柏林创立了第一所集研究和教学为一体的洪堡大学，并主张把研究引入整个教学过程。在威廉·冯·洪堡看来，教学活动的本质就是引导学生去认识真正的世界，这一认识过程必然是一个探索过程，而不只是一个教条的接受过程。

威廉·冯·洪堡将科学研究引入教学的思想，他在洪堡大学所进行的研究性教学实践为研究性教学思想的产生奠定了理论与实践的基础，其影响深远，意义重大。其后，美国思想家杜威在《民主主义与教育》一书中论证了科学研究的必要性，从理论上论证了科学探究的必要性，并以此为基础创立了"问题教学法"。20世纪初，美国著名教育思想家布鲁纳等提出了"发现教学模式"及其理论。他在《教育过程》一书中提出应重视科学的知识结构，重视发展学生智力、培养学习能力的新教育观，并率先倡导"发现法"，即尽可能引导学生自己去发现的学习方法。他认为，发现是教育儿童的主要手段，并强调说："如果我们要展望对学校来说什么是特别重要的问题，我们就得问怎样训练几代儿童去发现问题，去寻找问题。"20世纪90年代后，美国溥耶研究型大学本科教育委员会的两份报告引发并推动了美国研究性教学的开展。该报告发表后，各研究型大学纷纷为本科生参与科研创造条件，真正将本科开展研究性教学付诸实践。之后，欧洲各国和日本也纷纷效仿美国并对研究性教学进行探索与尝试。报告中提出要通过课题研究培养学生自己发现问题、自主学习思考、自主进行判断、自主解决问题的素质和能力，规定学生可以选择自己感兴趣和关心的研究课题。

（二）中国研究性教学思想的形成和实践

我国古代思想家和教育家孔子最早论述教育问题，认为"学而不思则罔，思而不学则殆"（《论语·为政》），这句话的主要意思是阐述学习与思考都很重要，即研究性学习，避免只是死读书，却不肯动脑筋思考，或者只是冥思苦想，却不认真读书。这句话表达了孔子"学与思结合"的教学思想，孔子倡导的"学与思结合"已经具有研究性教学的思想特点。孔子之后的中国教育思想家不断弘扬其学思结合、学疑结合的思想，注重培养学生的问题意识和质疑精神。《说文解字》中有"学，觉悟也；习，鸟数飞也"（《礼记·月令篇》），其实就是采取形象比喻的办法，把学与习结合起来，是带有实践意义的学习。春秋战国后，更多的学者重视学习与思考的结合，如唐代文学家韩愈主张把"学习"和"求新"有机结合起来，在原有学习的基础上求新，达到"抒意立言，自成一家新语"。宋代理学大师张载提出，"有可疑而不疑者，不曾学；学则须疑""于不疑处有疑，方是近矣"（《经学理篇》）。南宋著名思想家和教育家朱熹认为"读书是自己读书，为学是自己为学"，为学要自己下功夫，强调学习的自主性。他强调"读书，始读，未知有疑；其次，则渐渐有疑中则节节是疑。过了一番后，疑渐渐解，以至融会贯通，都无所疑，方始是学"（《宋元学案·晦翁学案》）。可见朱熹特别重视学生提出的疑难，这里所说的从无疑到有疑、再到解疑的过程，其实是发现问题和解决问题的过程。因此可见,中国古代教育思想已经明显体现了研究性教学的注重主体、注重实践、注重应用和注重创新的特征。现代著名教育家蔡元培认为,大学教学不是"灌输固定知识"的注入式教学,而是引导和启发学生研究学问的教学,他主张"凡大学必有各种科学的研究所",认为大学应研究高深学问,大学生以研究学术为天职,在教学方法上,他重视启发式教学,提倡向我学习和自我研究的方法。这对今天高等学校对研究性学习教学的探索无疑具有重要的借鉴和指导意义。

四、研究性教学思想在商务英语教学中的运用

2001 年教育部颁布《关于加强高等学校本科教学工作提高教学质量的若干意见》(教高〔2001〕4 号文件),2005 年教育部颁布《关于进一步加强高等学校本科教学工作的若干意见》(教高〔2005〕1 号文件)。教育部分别颁布这两个文件极大地促进了我国高等学校对研究性教学的重视,对大学英语教学具有指导性作用,也成为大学英语教学改革的重要方向。提倡大学教师把自己的科学研究带上讲台,就是要把教授的科研成果体现在具体的教学过程中,使科学研究成果尽早、不断和及时地进入大学教学内容,使教学过程具有探究性和实践性。两个文件中明确指出,要积极推进研究性教学,提高大学生的创新能力。这是国家本科教育文件首次明确使用"研究性教学"一语,这是我国借鉴国际先进教学经验推进我国教学改革的重要举措,标志着以研究性教学为突破口、推动并优化本科教育改革,已经成为国家教育部门对大学教育的新要求。至此,围绕大学研究性教学思想的理论研究和实践探索纷纷在高等学校展开,特别在大学英语教学中被广泛实践和推广并积累了一定的经验,取得了相当好的教学效果。

五、研究性教学思想对商务英语教学改革的影响

新中国成立后,我国大学外语教学只注重对苏联语法翻译模式的借鉴,长期忽视对世界其他国家教育研究与发展成果的了解与借鉴,从而导致我国的英语教学发展缓慢、教学问题突出和教学效果不明显,英语学习几乎演变为背单词、学语法和翻译句子等固定步骤与研究性教学相比,在传统的语法翻译教学模式下的大学英语教学,方法过于单一,内容过于僵化,要求过于统一,越来越不适应当今社会对创新人才和人才多样化的要求。因此,对大学英语进行教学改革成为时代的必然选择,其影响表现在多方面。

（一）创新教学理念

首先，研究性教学要求教师放弃传统的教学观念，充分认识教师角色的转变，教师不仅仅是课堂主宰者和知识传播者，更是课堂组织者、问题引导者和论题参与者。这就要求教师有开放意识和开阔视野，把教学知识内容与教学问题有机结合，改变现有教材中答案式的平行叙述，通过某一知识点中包含的一个或几个疑难问题，引导学生自己从多角度思考和寻找解决问题的有效方法。研究性教学对教师自身素质和专业知识提出更高的教学要求，只有把基础知识和创造性探讨相结合、把做学问的严谨态度与灵活多样的研究途径相统一，教师在教学活动中才会收放自如，才能更好地应对学生在教学—学习过程中的询问和困惑。总之，在研究性教学中，师生对问题的研究和探讨不仅被当成一种活动，还应该把它上升为一种思想、原则和态度。教师应立足于原有的知识体系，增加教学的研究性成分，把传统的教学形式改造成为研究性的探讨形式，培养学生的问题意识、研究意识和创新意识。[1]

（二）优化教材体系

传统的大学英语教材是纸质的分册教材，教材的课文、单词、注释和练习内容有限，并且没有音频、视频和网站链接这种教材的规模和编排已经完全不能适应研究性英语学习的要求。因此，英语教学改革必然导致对大学英语教材的改革。新型的大学英语教材应包括配套的电子或网络教学系统。如果没有这样的网络教学系统，再好的大学英语教材也是没有生命力的。英语的学科特点决定了英语教材必须走向国际化，最原汁原味的英语自然是英语原版的文章和材料，从国际市场寻找最好的精品教材直接引入我国的公共和专业英语教材中，是帮助学生接触地道英语的最好途径，如高等教育出版社的"大学体验英语"教学包中的《听说教程》是2000年培生教育出版集团最新教材的引进改编版，其中录音带和CD光盘是聘请国内著名高等学校的权威英语教师根据国情精心改编，使之成为既达到国际一流水平又具有中国特色的精品听说教材。又如清华大学出版社的《新时代交互英语》，是该社在国际著名的朗文公司和汤姆森学习集团等最新原版录像、教学课件及文字教材的基础上，组织美国密歇根州立大学等国内外30多家单位90多位专家学者重新改编的教材。总之，大学英语教学改革必然导致大学英语教材的变化和教材配套资料的变化。

（三）改革教学方法

传统的"一根粉笔、一块黑板和一本书"的教学方式已经不能适应研究性英语教

[1] 霍然.跨文化英语教学研究［M］.长春:吉林出版集团股份有限公司,2019.

学模式,研究性教学往往会走出课堂教室,进入语言实验室、多媒体实验室、图书馆、数据库、班级 QQ 群等现代传媒领域。教学活动基本上不会是应试性传输—接受型教学形式,教学内容也不再是对所谓的知识点的讲解,课堂内容可能是对整个内容的思考和探讨,教师将自己某些科学研究课题适当地引入课程教学,实现理论教学和科研实践相结合,不断引发学生对科学研究更深刻的理解,总结科学研究规律,把握学科发展的精髓,更好地传播科学知识,促进和推动教学活动的开展以及教学水平的提高。教师精心设计一些教学问题,循循善诱,左右开导,步步启发,将学生带入设计好的研究问题中,通过小组讨论或和教师讨论感受和了解问题的实质、核心和内容。在整个教学环节中,学生看到的学习不再是一本书中的课文,可能是与课文内容相关的新闻报道、科学实验、科普节目、研究报告或相关评论等;学生听到的也不再是简单的课文朗读,可能是总统讲话、名人演讲、诗歌朗诵或影视作品。研究性教学极大地丰富了许多大学课程的教学形式,同时极大地激发了学生的学习热情。这种热情最终会转化为学习动力,使教师灌输性的课堂转化为师生互动的课堂,使被动的学习转化为自主学习。

（四）完善考核制度

　　研究性英语教学的意义在于培养具有创新思维和知识全面的高素质人才,原有的以期末考试定成绩的考核评价体系远远不能适用于研究性教学。单一的考试由于题型固定、命题有限、答案单一等因素严重阻碍了学生研究性学习的开放性思维,因此,对考核评价方式的改革势在必行。研究性教学的考核方式应该是多途径、多元化和多角度的成绩和能力的综合评判,具体的给分方式可能是课堂讨论、实例分析、数据收集、文献综述、学期论文和任务完成等多方面表现的综合评定。

第五节　商务英语的教学新思路

　　教学思想是指人们对人类特有的教学活动现象的一种理解和认识,这种理解和认识常常以某种方式加以组织并表达出来,其主旨是对教学实践产生影响。教学思想有助于人们理智地把握教学现实,使人们依据一定的教学思想从事教学实践;有助于人们认清教学工作中的成绩和弊端,使教学工作更有起色;有助于人们合理地预测未来,勾画教学发展的蓝图。商务英语的教学新思路拓展应遵循的是教学资源立体化、教学任务项目化、教学内容模块化、教学方式情境化、教学手段多样化。

一、正确处理教语言知识、教商务专业知识、教中西方文化差异的关系

商务英语语言的学习和使用离不开商务专业知识和中西方文化差异，三者密不可分。教师在教授专业知识的同时，教授语言知识；在教授语言知识的同时，教授商务知识，并在学习的过程中体现中西方的文化差异性。商务英语课程内容涵盖面太广，主要涉及商务知识领域，因此商务英语应以英语语言为基础，以商科知识为依托，以行业需求为背景，以工作任务为导向，适合职场需求，把学生毕业后在公司里面不同的岗位上工作所能涉及的商务知识及其运用确定为一条主线，同时穿插一些英美习俗和文化，调动激发学生的学习积极性。商务英语虽然强调专业知识的重要性，但同时也要注重语言的重要性。因为语言是一切人类的表达形式，它无限多的用途可以缩成几种基本功能，即寒暄功能、指令功能、信息功能、疑问功能、表达功能、表情功能和言语行为功能，商务英语也不例外。商务英语专业的学生学习英语的主要目的是使用英语去从事各自的业务活动，在职场、社交、贸易、文化交流活动中，所涉及的涉外活动首先是口头活动，其次是业务中需要处理的商务文件，如商务广告和业务单据等。听、说、读、写、译等基本语言技能，使学生掌握较强的语言沟通能力，以教学计划、教学大纲和教材为基本素材，对学生进行专业指导。

二、正确处理教理论知识和教语言知识的关系

商务英语的理论知识，主要是学习相关的商科知识，即经济学的基本原理和基本知识、国际贸易操作流程、企业管理知识、人力资源内容、市场营销、物流等，在以往的教学中都是只重视学习语言，虽然是商务英语专业，但是大多数商务英语教师的水平仍然停留在语言层面，课程设置在"语言 + 专业（汉语）"这个简单的模式上，语言和商务知识没有融合在一起。语言知识的教学要为专业知识的学习打下坚实基础，并且服从商务技能培养的需要，为商务语言技能的发展服务。在教授理论知识的过程中提高语言应用能力，在学习语言的过程中掌握专业知识。也就是说，语言知识教学和专业理论知识的学习是通过使用、练习、实践而得到统一的。语言教学服务于商务专业知识的学习。所以，要学习掌握好商务英语专业词汇，这是商务英语教学成功的保证。

三、准确定位培养模式

关于商务英语培养模式的构建，要树立"能力本位人才观"和"零距离在岗质量观"，优化商务英语专业人才培养模式，通过市场调研定位培养目标，按照工作岗位

群进行细分,然后确立培养模式,进行实践教学。有关专家提出要树立"宽、厚、活三维能力"模式,即"宽"基础能力、"厚"专业能力、"活"岗位群适应能力的三维能力模式。这种模式要求学生具有丰富的英语知识、熟练的商务专业知识和广博的人文知识。在语言方面要求学生具有扎实的英语听、说、读、写、译的基本功,表达能力强;在专业方面要拓宽口径,夯实基础,不断加大专业知识的教学力度和范围,在语言技能课中通过语言的学习获得商务知识,在商务专业知识学习中强化语言技能,并结合中西方文化差异进行实践技能的培养和应用,突出该专业"英语语言教学 + 专业知识教学(商科知识教学)+ 商务技能操作教学(商务实践教学)+ 人文素质教育教学"的复合型人才培养特色,增强适应未来岗位群的柔性化特征,根据社会劳动力市场的变化,在一定时期内调整专业课程和内容,增强毕业生的择业能力和就业竞争能力。

除此之外,关于商务英语教学的哲学思考,笔者认为,商务英语教学首先是语言教学,因为它具备语言教学应有的规律。这些规律有的是全局性的,有的是局部性的。在商务英语教学指导思想中需要有商务英语教育哲学思想作为统帅。哲学上关于理论与实践的统一、感性与理性的统一、矛盾的普遍性与特殊性的统一、对立统一、由量变到质变等基本观点和法则都适用于商务英语教学,哲学完全应该成为认识商务英语教学规律的重要武器。[1]

对商务英语的哲学教育学思想至今无人问津,对此领域的研究还是一片空白。在此,作者只概略提出。但对于商务英语教学,无论在理论上还是在实践上都是不断发展的,商务英语的哲学教育学思想也应该随着商务英语理论教学和实践教学的发展而发展,树立科学对待商务英语教学的指导思想和哲学思想的态度。

---

[1]　刘沛 . 青年学者文库 商务英语教学理论与实践［M］. 武汉:武汉大学出版社,2015.

第 三 章　商务英语跨文化教学的原则及理论

第一节　商务英语教学的基本原则

教学原则是根据教育教学目的，反映教学规律而制定的指导教学工作的基本要求。它既指教师的教，也指学生的学，应贯彻于教学过程的各方面和始终。它反映了人们对教学活动本质性特点和内在规律性的认识，是指导教学工作有效进行的指导性原理和行为准则。教学原则在教学活动中正确和灵活的运用，对提高教学质量和教学效率发挥着一种重要的保障性作用。国际商务英语综合课程是指商务英语专业的精读课，其主要任务是传授英语基础知识和商务基础知识，培养学生的基本语言交际能力和商务操作能力，在不断巩固和丰富学生的语音、语法、词汇、修饰、商务术语等方面知识的基础上，加强熟巧训练，提高学生用英语进行思维的能力，从而获得听说读写译全面发展的技能。因此，本课程也被称作综合实践课，它具有独特的规律和教学原则。深入探讨国际商务英语综合课程的教学原则将对提高教学质量有很大的益处和帮助。[1]

一、交际法教学原则

众所周知，语言是交际的工具和手段，交际才是学语言的目的。在外语教学中，交际不仅是目的，而且还是手段，只有通过大量的有效训练，外语才能成为学生的交际工具。要贯彻执行好交际性的原则，首先应使学生在英语交际过程中逐渐养成用英语思维的习惯，尽量少用或不用母语思维英语有着复杂和灵活多变的规则，表达每一句话都要考虑到词性变化、主谓关系、时态呼应、语态合适和固定用语使用等。如果学生习惯于用母语思维，然后再将其意思转换为英语，这会严重影响和阻碍交际的实现。

二、以学生为中心的原则

商务英语课程的教学对象具有如下几方面的特点：第一，学生的专业背景与知

---

[1]　夏璐.高校外语教育与研究文库 商务英语教学设计 [M].武汉：华中科技大学出版社，2016.

识结构呈现多元化;第二,动机明确,积极性高,学习能力强;第三,思维活跃,充满热情,富有创造性;第四,具有一定英语语言基础及应用能力,总的来说,教学对象大多数具有自主学习者的特点,"对自身学习风格和策略有很好了解,对学习任务采取积极态度,愿意冒险,既注意形式又注重内容",在教学实践中充分把握学生特点,了解学生需求是教学实施的前提条件。主讲教师应在课程开始之初通过一定途径采集、分析学生的相关信息,从而使相关教学安排更具有针对性和有效性。比如,教师可在"介绍课"要求每位学生提交一份含 1~2 页 PPT 的英文版"学生简况",包括个人(如专业特长、自我评价)、家乡(如特色特产、知名企业)、课程(如动机、期望、建议)三方面的简要信息。通过对全班学生简况的分析,教师一方面能系统地把握其教学对象的特点与需求,另一方面还能初步了解学生的英语水平、意识能力等情况。此外,教师还可将全班学生简况汇编成一套 PPT 供随时查询或用于教学活动,这有利于增强教师对教学对象的了解和师生之间的良性互动。

三、教学内容的选择原则

(一)教学主题成体系

基于商务英语课程教学时数有限,教师无法把教材中所有的单元主题纳入教学,而是必须有所取舍。以选取的教材为例,书中共有 15 个单元,大致可以归为四方面:1~2 单元为商务活动准备环节,3~6 单元为商务活动基本技能,7~12 单元为国际贸易主要流程环节,13~15 单元为商务知识补充拓展。因此,比较合理的选择是 1~2 单元、7~12 单元共计 8 个单元作为教学主题,其中 1~2 单元作为导入单元,7~12 单元作为主体教学单元,涵盖国际贸易磋商的主要环节与内容自成一个完整体系,同时也更加突显了课程主要目标。其余的单元主题可以作为该体系的知识技能补充或拓展,供学生有选择性地进行自学。

(二)教学内容有重点

在确定了教学主题和单元后,教师需要对每一个选定单元里的各部分内容进行选取,分别用于教师课堂教学和学生课外自学。教材单元内容很丰富,包括听、说、读、写四大任务以及后续练习和词汇注释拓展等。因此如果不对其进行选取和分类,教师、学生在教与学的过程中都会失去重点,甚至无所适从。课堂教学内容选取的重点应围绕课程主要目标即培养学生进行口头(重点)和书面商务沟通与磋商的能力,所以选取口语任务、阅读任务、写作任务及后续练习中的英语练习部分如角色扮演、演讲陈述作为课堂核心教学内容,同时在前后分别加入单元概述、商务知识技能讲解、单元小结等内容。至于单元的其他部分,可安排学生在规定时间内完成自学和消化。

(三)内容形式显特色

商务英语拓展课程作为大学英语后续课程,应凝练并体现出自身特色。具体来说,这个特色可以体现在两方面:一方面是新增了国际贸易专业(方向)的知识与技能,另一方面涉及语言知识和语言技能部分的(课堂)教学内容和形式要与基础阶段的大学英语读写译、视听说课程有较大区别和提升。对每一个教学单元,教师都需要对教学内容和教学形式做到胸有成竹,能提炼出本单元最为核心的商务知识技能、商务英语表达和模拟应用训练。以选定教材的第七单元"建立商务联系"为例,结合单元内容、相关课件、商务活动实践需要以及学生特点,提炼出三项商务知识和技能、两类商务英语表达、两类模拟应用训练。通过提炼,商务英语拓展课程的特色才能得以展现;在内容上,商务知识技能与语言知识技能得以充分结合;在形式上,创设接近真实的商务情境,从而激发学习者参与模拟应用训练的积极性,在完成任务过程中去完成问题的理解、知识的应用和意义的建构。

四、教材的选择原则

教材选用于本科生课程目标的实现至关重要,商务英语课程的教材选用应遵循以下四个原则:①全面性,即包括国际商务(贸易)主要活动和环节;②多样性,即涵盖语言综合技能训练,突出口语技能培养,练习围绕单元主题内容,模拟现实商务交际情景,形式各异(包括对话、讨论、演讲及角色扮演等);③实用性,即选题紧扣当今国际商务活动,提供大量真实和实用的语言输入和语言模仿机会,通过商务交际活动,既能掌握语言技能,又能学到商务知识,同时真正提高商务沟通能力;④针对性,即课程内容和语言方面针对中国学生及商务活动特点而设计,并充分考虑教与学的一般因素,力求快捷高效、重点突出且学以致用,配有教学课件和练习答案。实践中,教师一般通过选用经典教材、国家级规划教材来满足上述原则。

第二节　商务英语教学的多元统一性原则

一、商务英语的英语语言教学原则

语言是符号系统,是以语音为物质外壳,以语义为意义内容,音义结合的词汇建筑材料和语法组织规律的体系。语言是一种社会现象，是人类最重要的交际工具，是进行思维和传递信息的工具，是人类保存认识成果的载体。语言具有稳固性和民族性。

根据 Halliday，Hutchinson 和 Waters 等人的观点，可以这样界定商务英语的属性：商务英语是专门用途英语（ESP）的一个分支，是商务共同体成员在从事商务活动时所采用的英语语言变体的总称，它并不是一种特别的语言，而只是英语在商务语境中的运用。

商务英语教学首先是一种体系教学，商务专业知识的学习是建立在语言基础上的。通过商务英语的学习和实践以获得从事各种商务活动的知识，寻求语言能力的培养和商务英语知识学习的最佳结合点，将语言知识、交际技能、文化背景知识和商务知识融于一体。商务英语教学则从商务活动出发，编排设计出实用性很强的教学内容，教学中突出商务活动中的英汉双语交流与公关沟通能力，词汇、语法、语篇教学是进行专业知识学习的基础，专业词汇的学习是建立在普通英语的基础上的，否则专业知识的学习就会有阻碍。教学目标是全面提高学生商务交流和应变能力，使学生具备清晰而准确的商务业务语言、丰富的商务理论和一定的实践经验，能与外商、同事、经理以及国内外客户进行快捷有效的沟通，完成产品销售等各种商务活动任务，或者从事商务活动的研究和规划工作。教学中要求学生掌握的英语词汇量一般低于主修普通英语专业的学生，但同样要求通过英语专业全国四级乃至八级考试。所以，商务英语教学首先是语言教学。[1]

二、商务英语的商务专业知识教学原则

商务英语是专门用途英语中的一种。商务英语教学是商务专业知识教学，因为商务英语教学的培养目标是为外经贸和涉外企事业单位培养具有开阔的国际视野、扎实的语言基本功、系统的商务知识、较强的跨文化交际能力和较高的人文素质的应用型商务英语专门人才。在知识结构方面，要求学生熟悉商务概论、市场营销、人力资源、企业管理、物流和国际贸易方面等基础商务理论；在能力方面，注意培养学生的语言应用能力、商务实践能力和跨文化沟通能力，同时提高学生的社会责任感、团队协作精神和道德情操。其中理论教学目标是通过商务英语专业的学习，掌握国际商务概论、管理学、人力资源、物流、国际贸易、国际商法、跨文化交际（国际商务文化与礼仪）、金融学方面等基础商务理论，能运用商务和跨文化知识，从事对外商务工

---

[1]　杨鹏，骆铮. 基于教育转型发展视域下高校商务英语教学的创新研究［M］. 长春: 吉林人民出版社，2019.

作。除了商务英语教学的培养目标是以学习商科专业知识为主要内容，商务英语的课程特色是商务英语教学以专业为依托，体现学生未来职业特点；依托学生所学专业，淡化语言自身体系，拓展学生的英语职业能力，突出专业性。这也说明了商务英语教学是商务专业知识教学。

三、商务英语的实践教学原则

商务英语首先是语言教学，因为它是建立在语言学习基础之上的。语言的学习过程本身就是听、说、读、写、译五方面的综合，因为商务英语教学的实践技能目标是能用英语和所学的商务知识进行对外沟通和交流，能参与各种商务会议和讨论，从事各种商务活动。

实践是培养英语语言运用能力的有效途径。英语语言运用能力的形成需要基本的语言规则和词汇知识及其运用能力做支撑。但综合语言运用能力的形成与发展则需要学习者进行不断的语言实践。在模拟或真实的环境中，学习者通过大量的交谈、阅读和写作等活动，完成不同目的的语言学习操练或交际任务。在使用英语的过程中培养语言运用能力，商务英语教学体现了"做中学"，而"做中学"是培养语言能力的有效途径。

四、商务英语的人文素质教学原则

商务英语教学是综合性极强的教学，内容几乎包括了人文学科所有的内容。同时，商务英语的素质目标是提高学生的社会责任感、团队协作精神和道德情操。商务英语专业毕业生所从事的商业活动主要是国际贸易活动，这就必然涉及跨文化交际活动，在跨文化交际活动中必须彰显人文精神。跨文化沟通概念的来由，源于经济的全球化，国际的交流首先是文化的交流。所有的国际政治外交、企业国际化经营、民间文化交流与融合，都需要面对文化的普遍性与多样性，研究不同对象的特征，从而获得交流的成果。

（一）人文素质教育的内涵

人文素质，从广义来说指一个人成其为人和发展为人才的内在精神品格，这种精神品格在宏观方面汇聚于作为民族精神脊梁的民族精神之中（爱国）；体现在人们的气质和价值取向之中（气节）。从狭义来说指人文（文史哲艺）知识和技能的内化，它主要是指一个人的文化素质和精神品格，人文素质是关于"人类认识自己"的学问。"做人的根本在于品质培养"，发展人文素质就是"学会做人"，引导人们思考人生的目的、意义、价值,发展人性、完善人格,启发人们做一个真正的人,做一个智慧的人,做一个有修养的人。

人文素质的培养起始于人性的自觉,注重人的心灵自悟、灵魂陶冶,着眼于情感的潜移默化。良好的人文素质表现为追求崇高的理想和优秀道德情操,向往和塑造健全完美的人格,热爱和追求真理,严谨、求实的科学精神,儒雅的风度气质等。

具体说来,人文素质包括四方面的内容:①具备人文知识。人文知识是人类关于人文领域(主要是精神生活领域)的基本知识,如历史知识、文学知识、政治知识、法律知识、艺术知识、哲学知识、宗教知识、道德知识、语言知识等。②理解人文思想。人文思想是支撑人文知识的基本理论及其内在逻辑。与科学思想相比,人文思想有很强的民族色彩、个性色彩和鲜明的意识形态特征。人文思想的核心是基本的文化理念。③掌握人文方法。人文方法是人文思想中所蕴含的认识方法和实践方法。人文方法表明了人文思想是如何产生和形成的。学会用人文的方法思考和解决问题,是人文素质的一个重要方面。与科学方法强调精确性和普遍适用性不同,人文方法重在定性,强调体验,且与特定的文化相联系。④遵循人文精神。人文精神是人文思想、人文方法产生的世界观、价值观基础,是最基本、最重要的人文思想、人文方法。人文精神是人类文化或文明的真谛所在,民族精神、时代精神从根本上说都是人文精神的具体表现。人文素质是国民文化素质的集中体现。

随着现代科学技术和社会经济的发展,素质教育、终身教育、大教育观念的确立,人们已认识到在专业教学中渗透具有时代特点并符合中国国情的人文教育,必将有助于学生人格的完善,对学生未来的发展提供强大的精神动力和情感支持,培养出具有较高人文素质和健康高尚人格全面发展的创新型人才。

(二)人文精神与科学精神

人文科学是守护精神家园的科学,它赋予我们的行为以意义,用价值赋予社会经济发展以精神动力,是我们这个时代"最深刻的需要"(斯坦福大学校长查理·莱曼语),这种"最深刻的需要"表现为在市场逻辑起支配作用和科学技术具有巨大张力的时代,一个社会或一个人都会因缺少人文关怀而缺少品位和失去自我,甚至会变得野蛮和疯狂,而人文科学能赋予社会、世界以方向、目的和意义。在我们的社会中,如果缺少人文的调适力量是不可能实现以人为中心的可持续发展的。人文科学有着久远的历史,在人文科学中包含着"世界上最高的思想和语言",轻视人文科学就等于轻视人类积累起来的伟大知识遗产。自然科学把握世界的认识方式是科学理性、工具理性和分析式理性;人文科学把握世界的认识方式是理解,是审美式理性,如果说自然科学认识活动追求的是"求真"和"合规律性"的话,那么人文科学的认识活动却在人们的直接目的追求中给以价值的考量,使之"合理"和趋"善"趋"美"。人文科学给人以感觉的洞察力,它分担着人类知识能力的一半,从把握世界的方式来看,若抛弃了人文科学就等于抛弃了世界的一半,一个人只有同时具有科学素质和人文素质,它的活动才能体现"合规律性"和"合目的性"的统一、"真善美"的统一。在我们的时代,自然科学、社会科学、人文科学只有联合才能解决当今日益复杂和不确定的问题,才能为从根本上解决当前中国高等教育的弊端提供有效的帮助。

第三节　建构主义教学理论

一、建构主义理论概述

皮亚杰和维果斯基是 20 世纪最早研究建构主义学习方式的两位心理学家。"图式""同化""顺应""平衡"是该理论的几个重要概念,皮亚杰关于建构主义的基本观点是,学习是一种双向交互作用的成果,一个人的原有知识与新接收到的信息之间出现的非"平衡"情况是学习发生的前提,当新的信息与个人原有知识之间的交互作用以"同化"或"顺应"的过程方式进行时,学习便发生了,而作为学习的结果或是原有的认知"图式"得到充实或是认知图式被构建了新的内容,"同化"和"顺应"是皮业杰图式理论的两个重要概念,"同化"就是把外界的信息纳入已有的图式,使图式不断扩大。"顺应"则是当环境发生变化时,原有的图式不能再同化新信息,而必须通过调整改造才能建立新的图式。维果斯基提出了"文化—历史发展"理论和"最近发展区"概念,在他看来,个体的学习是在一定的历史、社会文化背景下进行的,社会可以为个体的学习发展起到重要的支持和促进作用,在个体自我的可能发展水平和与人协作并受到他人指导的可能发展水平之间存在着某种差距,这种差异定义为"最近发展区",皮亚杰的个人建构理论和维果斯基的"文化—历史发展"和"最近发展区"理论是建构主义的主要理论基础。[1]

基于建构主义理论教学观,其核心内涵是:强调"学"以学生为中心,强调学生对知识的主动探索和主动建构,这也与传统的以教师为中心,强调"教",有本质的区别,建构主义理论也是任务型教学、辩论教学的理论基础,建构主义理论认为,学习发展是社会合作活动,知识是由自己构建的,而不是由他人传递的。这种构建发生

---

[1] 吕晓轩.商务英语教学评价理论与实践研究［M］.哈尔滨:黑龙江大学出版社,2016.

在与他人交往的环境中,是社会互动的结果。强调学习者个人从自身经验背景出发,建构对客观事物的主观理解和意义,重视学习过程而反对现成知识的简单教授;强调人的学习与发展发生在与其他人的交往和互动之中,教学应该置于有意义的情境中,而最理想的情境是所学的知识可以在其中得到运用。建构主义理论支持下的任务型语言教学主张学习过程充满真实的个人意义,要求外语教师学会促进学习者的全面发展、学习能力的发展、积极的情感因素和健康人格的发展。

因此建构主义学习理论认为"情境""协作""会话"和"意义建构"是学习环境中的四大要素或四大属性,情境学习环境中的情境必须有利于学生对所学内容的意义建构,这就对教学设计提出了新的要求,也就是说,在建构主义学习环境下,教学设计不仅要考虑教学目标分析,还要考虑有利于学生建构意义的情境的创设问题,并把情境创设看作教学设计的最重要内容之一。"协作":协作发生在学习过程的始终,协作对学习资料的收集与分析、假设的提出与验证、学习成果的评价直至意义的最终建构均有重要作用。"会话":会话是协作过程中的不可缺少环节。学习小组成员之间必须通过会话商讨如何完成规定学习任务的计划;此外,协作学习过程也是会话过程,在此过程中,每个学习者的思维成果(智慧)为整个学习群体所共享,因此会话是达到意义建构的重要手段之一。意义建构是整个学习过程的最终目标,所要建构的意义是指事物的性质、规律以及事物之间的内在联系。在学习过程中帮助学生建构意义就是要帮助学生对当前学习内容所反映的事物的性质、规律以及该事物与其他事物之间的内在联系达到较深刻的现解。这种理解在大脑中的长期存储形式就是前面提到的"图式",也就是关于当前所学内容的认知结构。

以上所述的"学习"的含义可知,学习的质量是学习者建构意义能力的函数,而不是学习者重现教师思维过程能力的函数,换句话说,获得知识的多少取决于学习者根据自身经验去建构有关知识的意义的能力,而不取决于学习记忆和背诵,教师讲授内容的能力建构主义作为一种新的学习理论,自20世纪末以来备受关注。这一新理论认为,学习不是简单地由外部到内部的转移和传递,真正有效的教学是建立在学习者真正理解的基础上的。学习是学习者主动地建构内部心理表征的过程,学习者在一定情境中借助他人,利用必要的学习资料,通过意义建构来获取知识,掌握解决问题的程序和方法,优化完善认知结构,获得自身发展。

建构主义学习理论把"教师""学生""任务"和"环境"作为学习所必需的四大要素,强调学生是认知的主体,学生应该认识到自己拥有解决问题的自主权,通过独立探究、合作学习等方式,努力使自己成为知识的积极建构者,逐步提高自控能力,学会自主学习,为终身学习打下良好的基础,同时又不忽视教师的指导作用。教师是意义建构的帮助者、促进者、支持者、引路人、评价者,教师要为学生创设良好的学习情境,提供多样化的信息来源。可见,有效的教育是建立在学习者真正理解的基础上的。

二、建构主义理论在商务英语教学中的运用

商务英语阅读教学是一种双向活动,既需要教师做领路人,发挥带动、引导作用,又要学生积极配合,发挥主观能动性,只有两者有效地结合起来展开教学,才能达到良好的教学效果。在教学过程中,教师的作用举足轻重,贯穿始终。教师作为学习活动组织者和指导者,必须充分发挥引导作用,调动学习者的求知欲和学习兴趣;同时,学生在课堂上需要精神高度集中,积极进入角色,营造浓郁的学习氛围。在商务英语和商务知识学习的统一过程中,学生的学习策略应当充分注重商务专业知识与英语语言之间的有机结合和相互映照,商务英语知识与商务英语技能的相互转化,商务英语课程与商务英语实践的有效对应。因此,作为教师,在商务英语阅读教学中成遵循以下原则:首先,教师在备课时应收集大量的相关信息,以引起研究性学习的基本动力。其次,教师要为商务英语学习者提供必要的专业知识咨询,使学生的自主研究得到认可和肯定。再次,在教学活动过程中,教师利用学生间的交流、伙伴效应,从心理上鼓励学生在商务英语学习的对话中深入思考。最后,教师应督促学生记录下他们的学习体验和成果,以备交流提高。[1]

(一)在问题的解决过程中培养学生自主学习能力

建构主义主张"在问题解决中学习",心理学的研究也表明,发现问题是思维的起点,也是思维的源泉和动力。因此,在课堂教学中,教师应注重激发学生思维的积极性,培养学生的问题意识。此外,教师还要善于挖掘素材,努力创设各种问题情境,鼓励、引导学生多角度、多层面地深入探索问题,用疑问开启学生思维的心扉,启迪学生智慧,帮助他们不断挑战自我,挑战极限,享受到探索问题给自己带来的快乐。从而在探索问题的过程中,将知识的理解引向深入。

(二)以合作学习为主要策略

在建构主义教学过程中,学生的学习不像传统教学观认为的那样,是一种比较"孤立"的个人竞争行为,而主要是通过师生之间、生生之间的相互合作逐渐完成的。在教师的指导、帮助下,学生从这种相互作用中主动开发自己的思维品质,并完成自己知识意义上的建构。即教学过程是在师生交往、互动的过程中完成的。从活动的

[1] 郑春华.跨文化交际与英语文化教学 [M].北京:国家行政学院出版社,2018.

角度看，教学过程是教师和学生、学生和学生相互作用、相互影响的结果。在教学过程中，每一个要素都会产生一定的力，但最终导致教学效果的力并不是各要素之力的简单相加，而是各要素间可互相配合，互相促进，从而产生一种"合力"，取得最佳的教学效果。

（三）以探究与创新能力作为培养目标

在教学原则以及各种教学方法中，建构主义一再强调对学生探究与创新能力的培养上，把其放在了一个极其重要的位置上。建构主义着重培养学生的自主性学习能力、探究性学习及创新性学习能力，传统的教学观基本上否定了学生学习的主动性和积极性，表现为把教师作为知识的传授者，学生是被动的接受者。而建构主义认为，"学习者在学习过程中具有主观能动性"，学生的学习应该是积极主动的，在学的意义上，学生是教学的主体，离开学生积极主动地参与任何学习都是无效的。而在教的意义上，教师是教学的主体。教师的作用，就在于明确学生的主体性，积极利用所有可能的教学信息资源激发、引导学生主体性的发挥，促进学生学习。这种主动性在知识建构过程中具有重要的支持作用，建构主义的这一教学过程既有利于学生智力因素的发展，又有利于学生非智力因素的培养。

教学不是一种知识传输的过程，而是一种使学生产生稳定的探究心向并积极探究的过程。教学应把学生所学知识置于多种具有一定复杂性的问题情境中，或镶嵌于活动背景中，使学生对知识形成多角度的理解。或结合自己原有的经验来学习探究新知识，建构自己对各种问题的观点和见解，建构自己的判断和信念。

英语阅读能力的提高要借助外界多种因素，最终通过学习者自身积极的、主动的、探究的学习和努力才能得以实现。建构主义理论重视情境设置、意义建构、协作学习和发挥学生的学习自主性，符合增强英语阅读能力的认知规律，有助于实现商务英语阅读教学以学生为中心、以能力培养为中心的教学观。实践证明，只有教师积极为学生创造和提供一定的外部条件，引导学生积极参与，从中主动建构知识，才能实现促进学生提高知识的运用能力，锻炼思维能力和培养主动学习精神和创新意识。

第四节　语篇分析理论

一、语篇分析理论概述

语篇理论并不是一个新兴的理论，从 20 世纪 60 年代至今它在外语教学中已经得到了广泛的应用。20 世纪 80 年代中期，国外的一些语言学家提出了语篇教学大纲的设想。很多国内的语言学家将它应用于英语教学的许多方面，这符合《大学英语教学大纲》中规定的"不仅要重视句子水平的语言训练，还要快速、逐步发展在语篇水平上进行交际的能力"的原则。外语教学不能仅局限于教授词汇、句子，而且应该注意培养学生语篇分析的能力。

目前"语篇分析"基本上取代了其他的术语。它是指对比句子更长，以交际为目的的语言段落（包括口头话语和书面语）所做的语言及交际功能的分析，旨在找出带有相似语境的话语系列，并确定其分布规律。换句话说，语篇分析就是分析一段话或文章以及说话的场合（语境）和文章的语言结构、文化特征、交际方式及语境特征，那么，如何将语篇分析这一方法应用于商务英语的具体教学当中呢？接下来，作者将具体阐述语篇分析理论在商务英语教学中的应用情况。

二、语篇分析理论在商务英语教学中的应用

（一）商务英语的语篇特点

可以从以下三方面界定商务英语语篇：①目的性：任何商务语篇最重要的特征是强烈的目的性，语言被用来达成某项目的，顺利完成商务交易，例如，建立贸易关系、做商业汇报等；②社会性：商务英语语篇常常涉及众多跨文化交际场景，需要一种约定俗成的方式让来自不同文化背景的人相处融洽，在短时间内高效地完成各种交际。所以商务英语语篇非常仪式化，程式化的语言广泛应用于交际场景，比如，问候和介绍等；③清晰感：商务英语偏好使用清晰、富有逻辑性的语言来降低交际中的误解。

（二）语篇分析理论在商务英语听力教学中的应用

利用语篇分析理论帮助克服英语听力障碍，进而提高商务英语听力教学，主要是依据 M.A.K.Halliday 的功能语法中的第三种纯理论功能为理论基础的。语篇功能指的是人们在使用语言时怎样把信息组织好，同时表明一条信息与其他信息之间的关系，而且还显示信息的传递者与发话者所处的交际语境之间的关系。一定的语篇有其一定的语篇结构，它是该语篇的整体构造，而这一构造是由与构成该语篇的实际情景相关的语境变化组成，同一类的语篇结构具有大致相同的语境变化。

听力的过程是一个寻求意义、预测、证实和排除预测的过程，听者运用已有的知识经验去搜索语篇信息，并利用已得的信息对语篇的内容进行猜测。学生在听力中遇到的主要障碍是在听音过程中和答题过程中不能最大限度地利用已掌握的信息，

达到理想的理解状态。

学生在听音时往往有先翻译再理解的倾向,所以常常会手忙脚乱,大脑忙于处理上一段信息而错过了下一段信息。此时教师应帮助学生克服精神紧张和焦虑感,树立信心去利用语篇信息来理解整个听力语篇。而最为重要的是,在教学中应注意培养学生的语篇意识,告诉学生。第一,听不懂部分内容是难免的,听力再好的人也没有把握听懂百分之百的内容,所以不用着急。第二,这一部分的信息完全有可能在语篇的其他地方以别的形式再次出现,或者可以通过上下文做出合理的推测。第三,根据语篇结构潜势理论,没听懂的这一部分很可能是一个辅助要素,没听懂也不一定会影响对整个语篇的理解。这样学生就能真正树立起心理优势,为利用语篇特点进行合理的分析和推测做好了准备,同时,在听力过程中不要忘记提醒学生不能被动。

另外,在听力训练后对所听语篇内容的总结也很重要,一方面在对于提高学生的语篇意识起到了指导作用,学生可以通过这种总结了解到推测失误的症结在于对语境变化的了解不够充分;另一方面也通过这种形式对学生的语篇知识的掌握做一个补充,使其在遇到相似语境时能做出更好的推测。[1]

(三)语篇分析理论在商务英语读、写教学中的应用

鉴于商务英语语篇特点,在教学中可以运用语篇分析的方法有针对性地培养学生的各种技能,例如,图式理论。图式可以分为三类:语言图式、内容图式和形式图式。语言图式是指语音、词汇、语法等方面的语言知识。内容图式是指对语篇主题、文化背景等的熟悉程度。形式图式通常指的是文章的体裁、结构等,简而言之,"图式"是指围绕某一个主题组织起来的知识的表征和贮存方式。比如,提到"交通",你可能会想起各种机动车辆、交通工具、立交桥、高速公路等。这说明这些储存在人脑中的知识是相互关联的。商务英语教学就是要依据商务英语语篇特点建立并激活图式结构,将新信息融入已有图式,产生新图式,丰富头脑中图式的内容,进一步理解相关语篇并能写出或者翻译出符合商务英语用语习惯,适用于商务英语交际场景的语篇。

传统商务英语阅读教学忽略了商务英语作为专门用途英语的特殊性,注意对阅读材料语法分析,逐字逐句讲解,逐句逐段翻译,其结果是"只见树木不见林",影响了对文章的整体理解,忽略了对商务文体的把握,商务和文化背景缺失,学生能够就重点词汇、短语和句子进行正确问答,却不了解整篇文章的框架结构、篇章连接方

---

[1] 张喜华,郭平建,谢职安.大学英语中的跨文化教学研究[M].北京:北京交通大学出版社,2019.

法,不能概括文章大意,对类似文体起不到举一反三的效果。所以在语篇分析理论指导下,商务英语阅读不应将语言分析抽离于商务语境、背景知识和体裁之外。在讲授阅读语篇之前,教师应当通过问题导入、小组讨论等课堂活动激活学生脑海中相关知识的旧图式,并在此基础上补充信息。

语篇分析对商务英语写作教学的影响颇为典型的体现是在商务书信上,商务书信语篇有着较为固定的模式,规范的书信有助于扩展业务和增加收益,相反,不规范的书信会令公司蒙受损失和失去发展机会。商务书信应当遵循相同的格式:目的—情况—行动。程式化的语言可以使得商务书信简明、扼要,并最大限度地减少误解,传达信息。

第五节　人本主义教学理论

人本主义教学理论是现代西方的一种重要的教育思潮,它和人本主义心理学相结合,阐发了一种以学生为中心,以发展学生自我潜能和价值为目标的人本主义教育观。这种理论在 20 世纪 80 年代被提出,以"完整的人"的发展为最基本的价值取向。自我以及自我实现是该理论的核心概念,它体现为教育思想对人性的复归,对学习者情感因素的重视。[1]

一、人本主义理论教学概述

(一)人本主义教学理论的提出

人本主义心理学是 20 世纪五六十年代在美国兴起的一种心理学思潮,其主要代表人物是马斯洛和罗杰斯。人本主义学习观与教学观深刻地影响了世界范围内的教育改革,是与程序教学运动、学科结构运动齐名的 20 世纪三大教学运动之一。美国人本主义心理学家罗杰斯的非指导性教学就是这一流派的代表。人本主义教学观是在人本主义学习观的基础上形成并发展起来的,该理论是在自然人性论的基础之上的人本主义,心理学家认为,人是自然实体而非社会实体;人性来自自然,自然人性即人的本性。他们的共同信仰是每一个人都具有发展自己潜力的能力和动力,行为和学习是知觉的产物,一个人大多数行为都是他对自己的看法的结果。由此,真正的学习涉及整个人,而不仅仅是为学习者提供事实,真正的学习经验能够使学习者

---

[1] 杨鹏,骆铮.基于教育转型发展视域下高校商务英语教学的创新研究[M].长春:吉林人民出版社,2019.

发现他自己的独特品质，发现自己作为一个人的特征。从这个意义上说，学习即"成为"，成为一个完善的人，是唯一真正的学习。

（二）人本主义教学理论的基本理念

1. 教学目的及宗旨

罗杰斯在人本主义的"性善论""潜在论"和"价值论"的基础上，多次明确提出了他的有关教育目标的观点。他认为，教育应该把学生培养成富有灵活性、适应性和创造性的人，教育应该注重具有主动性、独立性和创造性的人。概括地说，罗杰斯认为，教育所培养出来的人应该是个性充分发展的人，这种人具有主动性和责任感，具有灵活地适应变化的能力，是自主发展的人，能够实现自我价值的人。

人本主义教学理论秉承马斯洛的人的"自我实现"理论，把教育的宗旨定位在教育要真正关照人的终极成长，促进人的"自我实现"，培养"完整人格"，而非受教者成绩提高之类的短期目标。因此，人本主义始终关注的是人的整体发展，尤其是人的"内心生活"的丰富和发展，即人的情感、精神和价值观念的发展。人本主义教学论的教育目标，应是促进"整体的人"的学习与变化，其价值追求是"完整人格"，培养独特而完整的人格，使之能充分发挥作用。人本主义强调的教育目的不仅是传授知识，更重要的是塑造完美人格，通过发展学生的潜能提高学生的自我学习能力。为此，作为培养人才的专门机构的学校，其人才培养目标是培养能从事自发的活动并对这些活动负责的人，能理智地选择和制定方向的人，能获得有关解决问题知识的人，能灵活地和机智地适应新的问题情境的人，能自由地和创造性地运用所有经验灵活处理各种问题的人，能在各种活动中有效地与他人合作的人。

2. 学生是教学的中心

人人都有自我实现的成长倾向和需要，所以，人不仅要维持自己的现状，还要发展自己。每个学生都具备解决自身问题的能力和动机，教师的任务是创造一种恰当的教育气氛，采用有效方法去调动学生天性中解决自身问题的动机和能力，帮助他们重新发现自己，评价自己、认识自己，认识自己内在的成长潜能，以此消除其"自我概念"上的不协调及其所造成的心理障碍。人本主义教育思想提倡给学生以无条件的积极关注，提倡从一开始就创造并维持一种没有威胁感、可以降低焦虑的、安全的气氛，提倡教学中的"非指导性"。只有这样，才能有效地帮助学生勇敢地面对自己的"自我概念"的不和谐，自由地表达自己既未被歪曲也未被否定的真实的生活体验，并进而对自己的成长负起责任。

（三）人本主义教学理论倡导的教学模式

罗杰斯将心理咨询的方法移植到教学中，提出了非指导性的教学模式。他极力批判传统教学将教师和书本置于教学活动核心的做法，认为这种方式只能使学生成为"奴隶"。在罗杰斯看来，教学活动应把学生放在居中的位置，把学生的"自我"看作教学的根本要求，所有的教学活动不仅要服从"自我"的需要，而且也要围绕着"自我"进行。基于此种认识，罗杰斯所提出的"非指导性教学"要求具有以下特点：在课堂中创造一种接受的气氛；围绕着发展个人的和小组的目标而进行；教师的角色不断变化。由此可见，非指导性教学并不是完全站在传统教学的对立面，只不过强调了传统教学忽略的而确实对学生的发展有利的方面，即应赋予学生更多的空间支配教学过程。非指导性教学模式改变了传统的师生关系，拓展了教学研究的视角。

罗杰斯倡导过程哲学观，反对任何固定、僵化、一成不变的东西，他从未明确和系统地描述过非指导性教学的系统方法，但我们从其基本理论假设中还是可以发现"非指导性教学"的以下实施策略：

第一，教师应对自己坚信不疑，教师应当对学生的独立思考及自学能力充满信任。

第二，教师应与其他人共同担负起教学活动责任，课程计划、教学管理、经费预算、政策制定等都应是一个小组的共同责任。

第三，教师为学生提供学习资料。

第四，学生探索自己感兴趣的问题，在探索的过程中，每个人就自己的学习方法做出选择，并对这些选择所产生的结果负责，据此形成他们自己的学习计划。

第五，提供一种有利于学习的气氛，这是一种充满真诚、关心和理解的气氛。

第六，学生的重心集中在学习过程中的体验上，学习内容虽然重要，但却是第二位的。

第七，强调自我训练，学生将训练看成他们自己的责任。

第八，重视自我评价，小组成员或教师的反馈信息也会影响学生的自我评价。

第九，在这种促进成长的气氛中，学习活动得到有效开展。

（四）人本主义教学理论倡导的师生关系

罗杰斯将教师定位于"促进者"的角色，认为教师不应是传统意义上的控制者，而应在教学过程中着重承担起"促进者"的角色并履行相关任务，他认为教师的作用主要表现为以下几方面：一是帮助学生引出并澄清问题；二是帮助学生组织材料，帮助提供更广泛的学习活动；三是作为一种灵活的资源为学生服务；四是作为学习的参与者——小组成员而参与活动；五是主动与小组成员分享他们自己的感受。

罗杰斯认为，要发挥促进者的作用，教师应处理好与学生之间的人际关系，因此，要求教师注意以下几点：一是真诚。教师必须去掉假面具，与学生坦诚相见，畅所欲言，不要有任何的虚伪。二是接受。接受有时也称信任、奖赏，教师应分担学生碰到问题时产生的痛苦和压力，分享学生取得进步时产生的喜悦和欢乐。三是理解。作为促进者教师需要站在学生的角度去体会和了解学生的内心感受，而不是用教师的标准审视学生的一切。

（五）人本主义教学理论倡导有意义的学习

1.学习是人类的天性

人天生就有好奇心，寻求知识、真理和智慧以及探索秘密的欲望，不用督促，不用指导，也不用传授。整个学习过程就是自我的发展与实现的过程，这不仅是学习和教育的价值所在，从更广的意义上说也是生命的价值所在。只要有一个适当的学习环境，学习者可以凭借自身的巨大资源，自动、自我地完成学习。罗杰斯认为每个人生来就有学习的动力，并能确定自己的学习需求。学生做不到这一点是由于受到学校和社会的束缚。

2.有意义的学习是人类真正的学习

学习分为两类。一类是无意义的学习，这种学习只涉及心智，是一种"在颈部以上"发生的学习，与个人的情感与意义无涉，与完整的人无关。另一类学习是意义学习，这种学习不是指那种只涉及事实累积的学习，而是指一种使个体的行为、态度、个性以及在未来选择行动方针时发生重大变化的学习。这不仅仅是一种增长知识的学习，不再是和情感对立的认知学习，而且是一种与每个人各部分经验都融合在一起的学习。罗杰斯认为意义学习包括四方面：①学习具有个人参与的性质，即整个人（包括情感和认知两方面）都投入学习活动中；②学习是自我发起的，即便在推动力或刺激来自外界时，要求发现、获得、掌握和领会的感觉也是来自内部的；③学习是渗透性的，也就是说，它会使学习者的行为，态度乃至个性都发生变化；④学习是由学习者自我评价的，因为学习者最清楚这种学习是否满足自己的需要，是否有助于导致他想要知道的东西，是否明了自己原来不甚清楚的某些方面。

（六）人本主义教学理论中的教学评价模式

"完整人格""意义学习"理论基础上，人本主义教育理论建立了自己的教学评价模式。意义学习的核心是学生直接参与学习过程，参与学习目的、学习内容、学习结果评价的决策。反对以考试和考核为主的外部评价，提倡自我评价，认为这是发展学生独立性的先决条件，这种评价作用的本质是使学生为自己的学习承担起责任，使得学习更加主动、有效和持久，学生主动参与学习和评价过程，这种评价没有固定的模式，主要是让学生主动地与自己进行纵向的比较，而不是与别人进行横向的比较，这种纵向的比较有利于学生全面认识自己的过去，正确地为自己的现状定位，合理科学地规划自己的未来。学生可以从自身的兴趣、个性发展等多种因素综合进行评价，从评价结果中全面地审视自己，从而不断完善自己。

二、人本主义教学理论在商务英语教学中的应用

在传统的商务英语教学中，学生往往机械地记忆一些语法规则、词汇，反复操练一些枯燥的、冷漠的、缺乏真实性的对话或句型。教师是课堂的中心所在，教师的任务是单项的"传道授业"，而学生则像是一个容器，充当着被动接受知识的角色。在这种"填鸭式"的教学中，师生之间、同学之间缺乏交流，学生的主动性、创造性被严重遏制，学生的个体差异被忽略，学生的情感因素被抹杀，导致学习效率低下。

因此，为了进一步提高英语教育教学的质量，在重视语言本身的同时，必须关注学生本身及其情感等方面的因素。这恰恰是人本主义教学法的研究重点。人本主义心理学的教育观和学习理论蕴含着丰富的内涵，对当前英语教育教学的研究起着重要的影响，改革英语教学，研究者们在英语教学观、课堂设计、师生关系等方面都进行了一些探索。英语教学方法中比较著名的包括暗示教学法、社团学习法和交际教学法等，这些都是和人本主义的教学理念异曲同工的。它们都有如下特点：第一，理论依据是心理学，而非语言学；第二，学生的情感情结状态被视为影响学生语言学习的重要方面；第三，教学深刻理解并认同全人教育的理念，缓解学生的焦虑、自卑，帮助其建立富有安全感能高效学习英语的环境。人本主义教学法在英语教学中的应用重点放在如下几方面。[1]

（一）促进学生自我完善

人本主义教学法对英语的教学、学生的学习过程有什么影响呢？我们可以做出这样的假设：人本主义教学法能有效增强学生的自尊、深刻了解自我的情感、发现自我价值，并能欣赏和悦纳他人，培养出积极乐观的生活态度，所有的改变都能给学生带来积极的作用，促使学生在不断完善自我的过程中不断取得更高的成就，进一步就人本主义教学法应用在外语学习中的学生自我观念、对同伴的感情和态度三方面

---

[1] 李园园.商务英语教学与人才培养研究［M］.北京/西安：世界图书出版公司，2018.

开展了一系列的调查。他设计了三组调查问卷开展这项研究：

1. 学生学习英语的态度

此调查用于了解学生对英语学习的感觉和认知，对教师的态度，还有学生在课堂中的情绪反应。问卷调查显示，相比传统课程的教学氛围，学生更接受和喜欢英语课堂，对教师的评价较为肯定，从而使英语学习的难度有所降低，更多的学生能感受到轻松愉快的体验，学生在教师的引导下比较容易放开，大胆地用英语发言或对话。

2. 课堂中对自我和他人的观念

此调查用于探索在课堂上学生的自我认识以及对同学的态度。问卷调查显示，大多数学生表示提高了对自我和他人的认识；增强了自我认同感，能够发现自我的优势和潜力；能设身处地地为其他同学着想，同时也能获得他人的肯定和理解，表现出对集体的关注和热爱。

3. 课堂中的同伴关系

此调查用于了解学生在班级中受欢迎程度。问卷调查显示，学生希望自己的学习小组得到更多同学的肯定和加入人本主义教学法的课堂能够增进学生的彼此欣赏和接纳。综合以上的调查结果，我们发现，人本主义教学法，提高了学生接纳和参与英语学习的程度，激发其英语学习的热情和动力，情感上的这些改变促使学生获得更多学习英语的心理能量。

人本主义教学观强调学生是学习的主体，要尊重学习者自己的意愿，教师应该看到学生具有个体属性，学生作为个体，个人情感、风格和意志等部分存在差异，同时还认为每个学生均各有其天赋的学习潜能，因此，教师不但研究怎么"教"，更重要的是研究学生怎么"学"，让学生充分发挥个人能动性，以个人为本设计教学内容和教学方法。教师在设计课堂的时候，要体现以学生为中心的理念，为其创造更多的独立性的、创造性的、合作性的学习活动，使学生成为课堂的主人。

（二）情感因素及其对英语学习的影响

语言学是一种非常复杂的心理过程，同时也是人类最为普遍的一种认识活动，因此，语言学习的整个认识活动过程必然会受到情感智力因素的深刻影响，比如，会受到诸如动机、意志、兴趣、喜悦、厌恶、性格等情感特征的调节。语言学习者的主观态度、学习动机和性格倾向等对外语学习影响最大。监控模式理论中的情感过滤假说讲的也是学习者在学习目的语的认知过程中所形成的情感困惑。因而情感因素对语言学习的影响不容忽视。Stem 曾断言，情感因素对语言学习的影响至少和认知因素一样大，而且往往更大。

（三）消除学习者的心理障碍

英语教学中常见的心理障碍有外语交际畏惧、考试焦虑、负评价焦虑、挫折心理和苦恼等。交际畏惧指的是个人对于他人的真实或预期交际产生的恐惧或者焦虑程度，典型交际畏惧的行为模式是交际回避或者退缩，交际畏惧者在介入他人的会话以及追求社交方面显得更加勉强。对外语能力自我评估低的学生容易出现较高程度的外语交际畏惧。考试焦虑指的是带着恐惧的心理来看待考查过程中成效不充分的倾向。换言之，学生担心考不好。考试焦虑可能是学生学习技能中的缺陷引发的。一些学生在考试过程中感受到焦虑，是因为他们不知道如何去组织安排考卷上的材料。负评价是指对他人的评价有畏惧感，对负评价产生沮丧心理以及担心别人会对自己做出负评价的预期心理，对自己今后成绩或成就期望过低的人，在人际交往及完成任务过程中会产生自己不如人的感觉，而这种经常性的提醒会威胁个体自尊需要的满足，挫伤其自尊心和自信心，使其在活动开始前就产生比较明显的焦虑。挫折心理是指学生在从事有目的的行动过程中，遇到难以克服的困难和干扰，致使个人需要不能满足而产生的一种消极的情绪状态。学生在学习外语时，想讲讲不出，想听听不懂，故常产生挫折感。从心理学角度看，苦恼是指由于心理上发生纠葛，内心产生矛盾而引起的情绪上的不安和焦躁，它也属于一种心理受挫现象。

外语教师要善于运用心理学的原理、探索和研究在英语课堂过程中有效的教学方法。改革教学评价体系，尽量使用形成性教学评价体系，从学生发展、提高的角度来看待学生的成绩，避免考试排榜和淡化学生的偶尔一次不理想的考试成绩。建立融洽的师生关系，罗杰斯人本主义心理学十分强调师生关系，师生关系融洽能产生皮格马利翁效应，形成积极的情感背景和良好的学习环境。高层次融洽的师生关系是在互相理解基础上产生的促进理解的有效途径，是心理换位和心理相容。心理换位是指教师、学生各自置于对方的心理位置去认识、体验和思考。心理相容是指师生在心理上彼此接受、容纳对方。通过心理换位和心理相容，师生在理解基础上产生情感共鸣，课堂教学气氛轻松愉快，师生配合默契，教师能顺利地完成教学任务。

（四）改变教学手段

人本主义学者强调课堂教学的主体是学生，主要任务是引导学生自主学习。因此，有学者把人本主义教学法的教学手段进行了归结，所有教学手段最终都是为了实现学生的自主性学习，废除教师的讲授。人本主义教学法指导下的英语课堂，可以采纳以下一些手段：增加个体活动，如演讲、朗诵、话题对话、小组讨论等；采用真实事例、资料图片、音乐、网络等教学手段呈现英语的实际应用，加深对英语文化的理解,让学生感受到学习英语有助于适应社会生活,具有必要性和实用性,多呈现英语语言的精妙之处,让学生有机会从美学的角度欣赏这门语言。总而言之,教师应多创设真实或与专业相关的交际情境,注重英语语言内容和情感的理解和应用,忽略一味讲解语法或抽丝剥茧地精读语文的做法;关注学生在过程中的收获,提高自主学习能力;通过肢体语言、声调、表情等表现个人授课的魅力,塑造出轻松愉快的课堂气氛。

(五)商务英语写作教学中的人本主义教学法

过程教学法,一直以来被认为是体现了人本主义的教学理念。过程教学法呈现出两方面的优势:①注重学生的情感因素,教师注重营造一种安全且具有鼓励性,不容易使学生产生排斥畏惧的学习气氛。学生自始至终都主动投入,但又不是"孤身作战",因为创设了多种同伴和小组互助学习活动,当每人完成初稿后,同学间所进行的互评、互改既是学生自我"指导"的重要途径,也是联结同学们情感关系的有效方式。②教师批改方式的改革,过去以评分和纠正错误为主的批改方式,容易让学生只注重分数本身。人本主义教学法指导下的过程教学主张通过师生间的交流和教师的多次评阅反馈学生写作的信息。这一明显的改变,使教师从英语写作的权威、批判者转换成英语写作的组织者、协调者和反馈者。在教师的巧妙引导和鼓励下,学生从畏惧教师、害怕写作转变为轻松地上课、愉快地写作,努力地尝试,认真地参与到英语写作的各个过程,逐步提高写作的效能感,时刻感受到写作的乐趣和意义。

但过程教学法也有其缺点:①由于教师在学生写作之前没有进行足够的指导,学生写作之前没有范文可参照。因此,他们对一般常规写作模式没有清楚的概念。有些教师往往要求学生在写初稿时想到什么就写什么,结果在他们的第一稿中往往会出现严重的组织结构方面的问题。②忽视文章的体裁类别,各类文章都采取同一种过程,且花费时间较多。因此无法在短时间内培养学生的写作技能,不适用于接受短期培训的学生。③语言知识的输入不够,导致学生在写作过程中容易因太多语言困难而发生写作障碍。

因此,真正把人本主文教学理念贯穿于英语写作教学,在英语写作教学中实践适于学生的人本主义写作教学法,就必须取长补短,综合考量,做到:

第一,确立学生主体性。

要确立学生在写作过程中的主体性地位,创设真实的写作情境,促进学生对写作内容的积极思维,引导学生主动参与,积极合作,培养学生自主学习能力。

第二,强调教师主导性。

承认学生的主体性地位,并不意味着否认教师在写作教学过程中的主导性地位。相反,鉴于我国学生的实际情况,更要突出教师作为教学指导者的主导性地位。教师在写作教学的各个阶段,要给予学生有针对性的指导,帮助学生及时发现问题,指导学生主动顺利地完成整个写作过程。

第三,教学内容要实用。

写作题材的选择要切合学生的兴趣和实际需要,要与学生的生活经验相互映射。教学内容要充分考虑学生的认知需求,要能让学生掌握各种题材文章的写作。注重语言输入,训练学生的遣词造句、修辞运用、语篇组织等,以有助于将来的进一步升学和职业发展。

第四,教学形式和手段要多样化。

在写作教学过程中,灵活运用情境创设、资料搜索、头脑风暴、故事接龙、主题词提示、任务布置、同学讨论、辩论、多媒体、网络等教学形式和手段,调动起学生的积极性,参与学习、发展思维,并且为学生提供更多素材、帮助学生组织语言。

第五,建立平等的师生关系。

教师要摈弃从教师角度居高临下看学生的态度,要以平等的心态对待学生,相互沟通、交流,在写作教学过程中,做好学生的指导者,使学生在良好的心理状态中倾听和接受老师所输出的内容,确保写作教学的愉快、有效。

第六,使用激励性评价。

教师要用发展的眼光评价学生,要多使用激励性话语,不要只是指出各类错误,对学生任何一点微小的进步都要及时表扬,加以鼓励,使学生在写作过程中不断体验进步与成功。[1]

(六)商务英语口语教学中的人本主义

要想创新当前大学英语口语教学,就需要人本主义教育思想发挥良好的指导作用,它是我国学者研究切实可行的教学方式的有力依据。

1.选择优质教材,设置情境课堂

大学教师在英语课堂上应该创造最佳的口语环境,使学生充分利用口语表达,发挥其英语口语能力。教师应以学生为主体,考虑学生的学习需求,使学生充分利用学习到的英语知识解决现实问题。为了使学生学习到他们感兴趣的知识内容,教师需要选择合适的教材,在购买教材前应该先调查学生的具体需要,真正把学生作为教学主体,了解学生的学习目标、所持态度以及其感兴趣的教学方向,从而根据综合情况确定英语教材的选择适合英语口语教学的教材内容应该是贴近英语语境的，可以使学生置身于交际情景的，这样才可以帮助学生摆脱英语课堂古板的教学，使其在英语的环境中真正发挥自己的潜能。这类英语教材内容的撰写应该贴近英语语境，符合实际生活，而不是传统的讲述英语口语的语言规律和陈旧的教学理念，应该使学生处于"交际"的真实情景中，使其学习到美式英语的口语化而非单纯用英语翻译汉语。这样才能激发学生的学习热情，帮助学生摸索口语化规律。

教师在教学过程中可以设置"口语情景"部分，随机设置英语环境，为学生分配角色，让学生发挥其想象力，不固定情景发展走向，使学生自由发挥其所学英语知识，将知识融入现实情景，同时在进行过程中教师可以发现并帮助学生走出英语口语的误区。这样的情景设置既可营造轻松快乐的课堂氛围，使学生感受到乐趣，锻炼学生的实践操作能力，同时对学生的知识理论也有启迪，可以规范其学习的系统能力，一举两得。

2. 建立学生自主选择课堂的教学模式

英语口语课程的统一规划非常重要，每位学生的基础知识、语言能力思维模式和英语语感都不尽相同，教师应该根据每位学生的特点，统一制定出具有可操作性的教学方法，在这种方法的基础上，教师还可以随时变化出适应情景的管理模式，这样就可以更符合人本主义教育思想。

例如，大学英语口语教学的选课模式可以变更，可以让学生体验每一位教师的教学手法，感受不同教师不同的课堂氛围，然后自主选定老师，同时选择指定教师后，可以对教师的课堂内容提出意见，在不影响正常英语教学的情况下，教师合理采用学生的意见，在课堂上讲授学生自主选择的教学内容，这样充分尊重学生的选择，并且加强学生学习的积极性，因课程内容是学生自主选择，所以学生对课堂教学具有热情，是带着兴趣和愿望来到口语课堂的，从一定程度上也强化了英语课堂的教学质量。学生自主选择的教学方式是基于人本主义教育思想理论的，使学生有思考空间也有学习热情，方便教师从根本上挖掘学生的潜力和创新能力。在这样的教学过程中，教师是学生的指导者和推动者，学生是英语课堂的中心，教师的教学因学生的兴趣而不断改变。

3. 良师益友的关系促进学生学习动力

轻松和谐的英语口语课堂会带给学生放松的心理意识，从而使其开拓头脑思维，不受实际环境的局限，使其更具创造力。而单一古板的教学氛围会压抑学生的潜能，使其不愿接受知识内容，心生抵触情绪，创新发挥更是无从谈起。为此，教师要想保证教学质量同时带动学生的积极性和创造性,就需要与学生有效沟通,通过观察、交谈或是调查来了解学生的爱好,为学生制定个性化的教学,使学生感受到教师的尊重和关爱,进而学生对于教师的用心良苦会产生感恩情绪,使双方建立亲切友好的关系,从而帮助学生更快更好地接受知识。

在学生的学习过程中,教师的作用非常重要,教师耐心的引导和充分的理解都会使学生心理产生变化,在学生学习热情高涨时教师予以更多的指导和关注可以帮助学生提高创新能力,使学生更积极地吸取知识养分,在学生遇到困难的时候,教师给予学生理解和帮助,同时解决问题后应对其给予赞扬,使学生更能感受老师的善意、关怀和帮助,使学生重拾自信,同时教会学生坚持的信念。[1]

教师学会赞扬学生可以促进良好的师生关系产生,一句表扬的话语使学生对教师更具亲切的情感,这样对学生学习接受英语知识非常有益,可以最大限度调动学生的学习积极性,从而实现人本主义的教育思想,帮助教师成功开展口语教学工作。

教师利用多媒体、创造课堂氛围,使学生自主体会人本主文教育思想的核心是以学生为主体,教师起引导作用,旨在培养学生一切"自主",有自主选择能力和自我约束能力,这样的培养需要教师变换教学方法,不再以传授为目的而传授,教师可以在英语课堂上设置多个部分,使课堂由辩论、竞赛、演讲等方式组成,课堂上的活动可以由教师创新并全权交由学生组织,由学生自主分配工作,考虑活动的每个细节,这样可以完善学生的社会实践能力、语言沟通能力以及团结协作的能力。

这样才能把人本主义教育思想真正落实到英语口语教学的每一个步骤,让学生自由发挥,培养其创新能力和多方面的综合能力,在活动结束后教师应该组织学生进行总结,让学生衡量自己组织参与的活动与他人组织参与活动的差别,培养了学生的总结能力而且可以帮助学生认识到自身的不足,学会弥补不足和强化自身优点,使学生有自主意识,教师还可以在课堂上结合多媒体资源,实现教学真实化效果,进一步强化学生的英语听说能力,相较于其他的教学科目来说,英语归属于语言类教学,所以其更加需要一个良好的语言环境,这一点在此科目的听说读写之中表现得更为明显,而教学开展的过程中,借助多元化的教学资源,如影视同声材料、广播和电视等资源实现语言环境的满足。英文影视材料中,融合了视觉以及听觉两方面,能够为英语课堂提供更为多元化的语体、表现以及交际模式,这样就能够丰富学生的知识内容,进而使学生在观看中学习,在观看中掌握。同时,影片的一大优势就是人物的语言或者非语言都可以成为学生学习知识的途径,进而锻炼了学生的听说

---

[1] 郝晶晶.商务英语教学理论与改革实践研究［M］.成都:电子科技大学出版社,2017.

能力，丰富的课堂环境使学生的学习氛围更快乐更自由，在观看影视资料的同时促进学生的求知欲望，从而帮助学生探索求知方式。

随着国际化的发展需要，我国应该对大学生英语口语教学引起足够重视。大学英语的听说能力是未来与人交流畅通的重要前提。本文从人本主义教育思想出发探究当代大学英语口语教学的创新。以人本主义教育思想为中心，教师应给予学生空间使其充分发挥潜能，促进学生的全方位发展，新型的教学理念对建立师生关系、学生自主学习能力都有极大的促进作用，本文通过联系人本主义教育思想创新大学英语口语的教学方式，教师为学生创造良好的教学环境、以学生为教学主体，真正落实人本主义思想，使大学英语口语教学站到一个崭新的高度。

第六节　图式教学理论

一、图式教学理论概述

图式是指围绕某一个主题组织起来的知识的表征和贮存方式，是一种关于知识的认知模式，是指每个人过去获得的知识在头脑中储存的方式，是大脑对过去经验的反应或积极的组织，是学习者将新信息丰富到自身知识库中的过程。图式理论研究的就是知识是怎样表征出来的，以及关于这种对于知识的表征如何以特有的方式有利于知识的应用的理论。

（一）图式教学理论的提出

1.图式

图式（Schema）的提法最早见于18世纪哲学家康德的著作，他强调概念只有和个人的已知信息相联系才具有意义。20世纪20年代格式塔心理学家巴特利特应用并发展了图式的概念，将图式定义为由过去的经验新组成的知识结构，20世纪六七十年代现代认知心理学产生之后，图式概念获得了更新、更丰富的含义。鲁海哈特认为图式是认知的建筑组块，是信息加工所依靠的基本要素；库克把图式称作头脑中的先存知识或背景知识；而魏德森则将图式定义为储存在长期记忆中并管理信息的认知框架。根据认知心理学的研究，图式具有以下功能：影响人们对所呈现的信息的注意与解释；具有推测和推理作用；具有迁移作用。换句话说，在信息处理过程中，相关的图式被激活后，图式会为人们提供解释信息的背景知识，使人们超越给定的信息而做出预测和推理。

所以，说得通俗些，图式就是连接概念和感知对象的纽带。如谈到"手机"图式，人们想到的不仅是一部具体的手机的形状，还会把它的传播信息、拍照、播放音乐、储存文件等功能联系起来。这也就是运用的图式构建法去理解手机这个概念。

2. 图式阅读

20 世纪 70 年代后期，美国认知心理学家鲁梅哈特依据大量的实验研究，率先把图式的概念发展成一种完整的理论，并很快得到了其他学者的支持和响应，近些年来，图式理论不断得到丰富和完善。这种理论强调的就是当读者将记忆中的图式（如背景知识或抽象知识框架）与文本材料信息联系起来并使之相匹配时，就能理解语言材料的内容。反之，则不能。

图式阅读理论认为，学习者的阅读能力由三种图式决定：语言图式、内容图式和形式图式。这几种图式与文章的语言、内容和表现形式共同协调、交互作用，最终实现对语篇的理解。

（1）语言图式：是指一定量的词汇和句法知识，也就是读者对阅读材料语言的掌握程度。语言图式是基础，读者缺乏相应的语言图式就无法识别文章的字词句所提供的信息和线索，会直接影响对文章的理解。

阅读的第一步是辨认词汇，建立词汇意义的表征。当读者知道某个词的意义和用法时，就会知道与之有关的词和概念，正是这种概念的影响使得理解得以产生。例如，当读者在阅读过程中碰到 pro-democracy 这个生词时，就可以借助大脑中的英语构词法的图式来猜测其意思。首先，pro 是一个前缀，表示"亲，赞成"等意思，而 democracy 是民主的意思，那么 pro-democracy 就表示"赞成民主"之义。英语学习者利用构词法来扩大词汇量，对阅读理解能力的提高将会事半功倍。

阅读理解中的语法障碍常常反映在长句中。其实，只要运用语法手段正确地剖析，再长再难的句子也不难理解。一般来说，在阅读容易理解的句子时，读者可以不考虑语法结构，但若遇到理解有困难的句子时，则必须进行语法分析，即分析句子中词与词之间的关系、意群与意群之间的关系以及分句与分句之间的关系。因为英语句子是以主句的主谓核心结构形成统摄整个句子的框架，所以只要找出主语和谓语就抓住了英语句子的灵魂。英语长句在关于人文社会和自然科普方面的说明文或议论文中非常普遍，只有找出句子的主语和谓语，才能有效地理解全句的意思。

（2）内容图式：内容图式与文本的内容或主体（topic）有关，它实际上是语境在读者意识中的反映，内容图式对阅读理解有着最重要的作用。研究表明，不论是母语还是外语阅读，如果读者对读物内容较熟悉，他们对读物的理解将优于对读物不太熟悉的读者。而且,内容图式会影响读者对文本的解释倾向。

(3)形式图式:形式图式指与文本结构或修辞组织有关的图式,也就是有关文本构成形式的知识。它们在阅读理解中同样重要,因为它们会引导读者对文本的推测:比如,文本中各条信息中的相互连贯和联结、细节出现的顺序等。不同类型的文本有不同的常规性形式图式。例如,假设要一些读者去读一篇神话故事、一篇新闻报道和一份实验研究报告。读者可能会立即激活不同的形式图式。神话故事通常遵循一种时间顺序的模式;新闻报道经常回答谁、何时、何地、为何、如何等问题,并且含有许多不同的概念;而实验报告通常采用的格式是问题、方法、过程、结果、意义。读者识别文本结构的能力和根据标准修辞结构去推测的能力,在一定程度上决定了他们在记忆中安排文本信息的难度。在实际阅读中,形式图式发展充分的读者,阅读效率会明显优于该能力较差的读者,如果不是理解质量的话,依笔者所见,形式图式实质上就是文体和语篇知识,不仅包括形式也包括其功能知识。

(二)图式理论与阅读理解的关系

根据图示理论,无论是口头还是书面语篇本身都不具有意义,意义在读者的脑海里,取决于读者在理解过程中对大脑图式的启动。它的控制结构,即它的基本活动方式是自下而上的资料驱动加工和自上而下的概念驱动加工。图式理论认为,在文章理解的过程中,由下而上和由上而下的运作在各层次同时发生。输入信息作为实例证实图式结构中的相关概念或填补图式的空位,当输入资料提供的信息和读者的图式知识或根据图式知识所做的预测吻合时,自上而下的概念驱动可促进两者的同化;而当输入信息与预测不吻合时,自下而上的运作过程帮助读者对此做出敏锐的反应。

可见,读者理解一篇语言材料的过程就是读者头脑中的图式与语言材料所提供的信息之间相互作用的过程。当读者把头脑中的图式与语言材料所提供的信息联系起来时,就能获得作者所要传递的意义,达到读者与作者互相交流的目的。否则,阅读理解就会失败。

(三)学生在英语阅读学习中的困惑

长期以来,我国的英语教学中,教师们通常能够认识到语言图式的重要性,强调词、句和语法的学习和记忆,但忽略内容图式的重要性,不重视语言的意义和文化背景知识的传授,或缺乏一定的阅读教学策略,没有主动积极地激活与文章内容有关的背景知识,这些都严重影响学生阅读能力的培养。

在英语阅读教学中，也经常会有这样的情况：学生在字面上完全读懂了一篇文章，但却不能真正理解文章的思路和作者的写作意图。

二、图式教学理论在商务英语教学中的应用

图式理论对商务英语阅读教学的指导意义在于它强调商务背景知识的应用对篇章理解的促进作用。在实际商务英语阅读教学中，按照图式理论，教师在商务英语阅读实践教学过程中要充分激活学生的图式。[1]

语言图式是指语言中的词汇、句法和语用方面的知识，是语言使用者基本语言能力的体现，语言是交际的载体，没有语言图式也就无法谈及沟通和交流。商务英语具有时效性、再生性和简洁性的特点，在教学过程中，可以通过加大阅读量、词汇强化和句法分析等手段，扩展学生的语言基本能力，激活发散思维能力，提高学生的理解能力与预测能力。

商务英语阅读中语言图式的特点主要体现在商务词汇和句法的特点上，特别是词汇的特点。词汇是构成语言最基本的材料，要想学好商务英语，掌握一定数量的商务词汇及其用法显得十分重要。

[1] 王光林.商务英语教学与研究 第 4 辑 ［M］.上海：上海外语教育出版社，2014.

第四章 商务英语的基础知识

第一节 商务英语翻译的原则

　　商务英语作为现今我国在商业发展过程中的参与商业交流的重要的形式之一，其在长期的商业发展中起着非常重要的作用。基于功能视角的存在，商务英语的主要功能则是交流功能，而其交流功能的实现则是依赖于商业活动这一存在领域。那么，基于这一现实要求分析，从功能视角出发，将功能理论完全应用于商务英语翻译的实现过程中，突出商务英语存在的实用性与适用性，同时又能够保持商务英语翻译的专业性。此外，在实用性和专业性同时保持的基础上，我国商务英语的翻译更要重视对商业文化和社会文化的传承，以此促进商务英语在商业交流活动中的实际作用的发挥。

一、商务英语翻译的特点

（一）准确简练

　　商务英语顾名思义就是在商业活动中及最为突出的国际商业活动交流中主要使用的语言工具，不管是基于商务英语自身作为英语翻译的重要组成部分，还是商务英语所主要服务的活动领域，其在翻译的过程中明显体现了准确简练的特点。具体而言，准确即为商务英语在翻译的过程中要从大的翻译范围准确到具体单词、句子的翻译，不可存在模糊的翻译，否则将会遗漏掉商务交流活动中的重要信息，其所出现的歧义错误的现象造成的经济代价和社会代价也是非常大的。简练主要是指商务英语作为一种语言交流工具，其在翻译的过程中遵循简练，能够通过短小精悍的句子将交流双方所要表达的意思传达给对方，切忌长篇大论的翻译，能够通过简短的句子让交流双方明白彼此的意见，促进商务英语交流功能的实现。

（二）专业熟练

　　商务英语在翻译的过程中一方面要遵循英语翻译的基本原则和掌握英语翻译的

技巧，另一方面商务英语翻译的过程中还要熟练地掌握商务英语翻译的特点和行业规范，而且在翻译的过程中还要能够掌握相关联的商业活动所具有的商业文化。在这些综合体现上，商务英语的翻译工作者能够熟练地掌握商务英语中的专业词、缩略词、外来词以及新出的商业词汇。此外，商务英语的主要特点为其长句比较多，而且句子的结构也是比较复杂的，但是以陈述句为主，所以在翻译的过程中为了将翻译的误差和偏差降到最低，应注意对长句和复杂结构句子的翻译，并能够将商业文化和社会文化恰当地融合在句子的翻译过程中。如现今商务英语中出现频率较高的专业词和缩略词 freeloan 应翻译为无息贷款，而 absolute interest 则翻译为绝对产权、绝对权益。

（三）文化承载性

商务英语作为现今国际交流活动的主要交流语种和交流工具之一，在翻译的过程中为了让负责翻译的对象理解特定句子及词语的意思及蕴含在背后的商业意义和社会意义，这就要求在翻译的过程中将特定的所属国家地区文化和社会文化融入在翻译的过程中。这样做不仅能够保证商务英语翻译的准确性，而且能够保证商务英语的翻译质量，保证商务英语翻译的专业性。

二、基于功能视角下商务英语翻译的原则

（一）文本完整的原则

商务英语作为向商业活动交流双方传达双方意见的重要的交流工具，从功能理论的角度出发，在翻译的过程中为了准确地传达双方的意见，保证将交流双方所要表达的想法毫无保留地传达给彼此，这就需要商务英语翻译者能够遵循文本完整的原则，在全程掌握翻译语境把握语言的全篇意思的前提下，对文本进行通篇的翻译。基于这一要求就需要商务英语翻译者具有较高的专业素质和专业翻译能力，能够将文本的翻译结构合理调整，将文本的全部意思完整地表现出来。如 Accounts 在不同的文本语境下其所表达的意思不同，有时被翻译为账目，但有时被翻译为会计部门。而具体的需要采取哪种意思，则需要商务翻译者在总揽文本语境的前提下进行具体的翻译工作。[1]

（二）统一规范的原则

商务英语翻译与普通英语翻译最为明显的一个区别则是商务英语在通篇全文翻

[1] 李琳娜. 商务英语教学理论与实践研究［M］. 长春：吉林大学出版社，2016.

译的过程中其所使用的翻译词语要使用统一的,而不能在同一个翻译中使用意思相同但表现形式不同的词语,这也就是商务英语翻译时的统一规范原则,而普通英语则可以使用不同的词语不停地替换,基于这一原则分析,商务英语在翻译的过程中,其所采纳的统一规范的原则基本上都是由专业的翻译机构或权威的专业翻译者共同约定而形成的,这种规范形成的方式能够最大限度地避免商务英语翻译过程中出现的词语滥用现象。

(三)准确严谨的原则

准确严谨的原则是商务英语翻译过程中最为重要的原则体现,在实际翻译的过程中准确严谨的原则主要体现在商务英语翻译者不能够使用普通英语翻译常常使用的词语或词组,而应该在熟知这些词语或词组专业含义的基础上灵活地运用。商务英语的准确严谨性体现在其对于文本中出现的数字和多次出现的重要名词能够进行准确的翻译,以此才能从总体上保证英语翻译的功能对等性。如现今在英语翻译中 monopoly 有专利和垄断两个意思,在具体翻译的过程中翻译者不可将其直接翻译为其常用的意思即垄断,这样就会造成很大的歧义,垄断和专利是两个词性截然不同的词语,一旦出现偏差将会对整个文本的翻译形成不利影响。

(四)遵循翻译目的性的原则

商务英语作为一种专业领域使用的、专门使用的交流工具,其在翻译的过程中要严格遵循翻译目的性的原则,也是从商务英语存在的功能论的角度出发。其在翻译的过程中,为了让双方准确无误地接收到翻译的重点和语言表达的目的,翻译工作者要对整个翻译的过程中在翻译风格的掌握、翻译技巧的运用以及社会文化和商业文化的融合使用下进行具体的翻译工作,这样能够最大限度地保证受众所接收到的是准确的翻译信息。

三、翻译时的注意事项

(一)注意各民族、各国之间文化的差异性

商务英语的交流是不同国家之间的交流。不同的民族、不同的国家之间都拥有着各自的背景、文化和习惯,只有当双方对同一文化有共识的时候才能达成商务交际的目的。因此,对于商务英语的翻译者来说,一定要对他国文化有所认知和了解,注意中西方文化的差异,只有这样才能使得双方更好地进行商务活动,以免产生不良影响。

（二）翻译语言的运用要得体

商务英语涵盖面广泛，包括合同、契约等多种类型，各类型之间传递的信息也有所不同，所以在翻译过程中应该充分认识到各种语篇问题的风格，了解相关行业的规范，根据语言特点做到恰当得体。翻译是否得体还体现在翻译时词汇的运用是否礼貌。

例如，We hope that your claimtous will be resolved as soon as possible.

（希望你方对我们提出的索赔尽快予以解决。）

这种委婉的礼貌性表达能够让对方看到你的诚意，更加让人接受。

（三）翻译的词汇一定要准确

商务英语的翻译不同于普通英语，它关系到双方的合作，更关系到双方的利益。不能采用普通的口语化翻译，要掌握专业术语，并注意术语在具体语境中的运用是否恰当。有的时候词语的翻译也不是一一对应的，有时候在翻译需要时为了保证句子、语篇更加通顺连贯，往往还会增加或者删减一些词语；有时候根据需要还要注意句中的词类转换和词义的引申。

四、基于功能视角下商务英语翻译的策略

（一）交流策略

功能视角下，商务英语翻译最为基本的功能同时也是最为重要的功能就是促进双方的交流，通过商务英语的翻译保证双方受众能够准确地明白前者想要表达的意思，进而实现交流的目的。基于这一功能的存在，商务英语在实际翻译的过程中经常会出现语言碰撞的现象，造成这一现象的主要原因在于翻译者不能够将语言运用于特定的翻译环境中，不能准确保证服务于商务英语交流实质的存在与作用的发挥。所以在现今商务英语翻译日益受到重视的情景下，翻译者在实际翻译的过程中应严格地遵循促进双方顺利交流的目的实现的功能，而能够恰当地根据翻译文本环境，在精准地翻译整个翻译的句子和词语的前提下，将在文化承载的基础上，做好临场翻译的应变，最大限度地保证商务英语的翻译能够被人理解和接受。

（二）学习策略

商务英语翻译主要运用于商业活动中，而现今现代化发展的步伐是非常快的，所以商务英语合格的翻译者的培养及精准的翻译工作的进行需要不断地强化对实际商务活动的有关翻译知识的借鉴和学习，能够在实际活动中促进翻译者商务英语翻译

能力的提高,通过实际经验的获得不断提高商务英语翻译的水平,保证翻译质量。

(三)语言沟通能力策略

这一商务英语翻译策略最为主要的还是服务于商务英语的交流功能的实现而延伸的,在实际翻译的过程中商务英语尤其是国际贸易活动基本上都是没有固定文本的,大多是由商务英语专业的翻译者临场实际发挥专业水平完成翻译工作的。这就要求商务英语翻译者具有良好的语言沟通能力,能够在临场获得翻译文本的情况下,迅速地反应,并将其传授给需要接收语言信息的人士。且在翻译的过程中,基于翻译对商业文化和社会文化的承载,翻译者在融合特定文化、特定翻译场景进行翻译的过程中,要保证其能够很好地应对各种情形,保证自己拥有良好的语言沟通能力,通过句子的融合结构的前后调整,准确地翻译语言的色彩和语义。

(四)理解策略

基本上在进行商务英语翻译的过程中,一般都需要专业的翻译者做好专门的准备工作。在实际进行翻译的过程中,专业翻译工作者要能够对准确材料充分理解,并对准备材料中容易混淆的词语和词组明确地标志和划分,保证翻译者对整个翻译的语言风格、专业术语以及行业习惯能很好地接受和理解,从而为商务英语的翻译奠定主观思维基础。

五、基于功能视角下的商务英语翻译应注意的问题

(一)词语翻译

由于商务英语翻译通常都是存在于商业活动甚至重大的国际贸易中,其涉及比较轻的社会效益和经济效益,这就要求商务英语翻译拥有较高的精准度。而其较高的精准度保证最为基础性的应该注意商务英语翻译中基础单词词语的翻译。尤其是在商务英语翻译过程中如果出现涉及当下比较尖锐的话题和事物,商务翻译者要注意同样要对尖锐的话题进行准确的翻译,而不能带有任何主观判断的有意无意地忽略。

(二)语句翻译

基于功能视角的商务英语的翻译需要严格遵循语言表达功能对等的理论,这就需要专业的商务英语翻译者能够在掌握文本环境的基础上,准确地翻译出即将进行的交流语言。那么,商务英语翻译者在翻译的过程中要注重对长句子的逻辑结构的掌握,如在进行合同条款的翻译时,能够在熟练合同专业术语的基础上,厘清整个句

子的逻辑思维,以此准确无误表达所要翻译的句子的意思。

（三）篇幅翻译

商务英语翻译在实际翻译的过程中,要在注意翻译词语和翻译句子的过程中,还要注意对整个文本语境和语义的翻译,将整个文本所要表达的实际意义准确地翻译给受众。基于功能视角的商务英语的翻译要遵循功能对等的理论,翻译者要在注意原文风格的基础上,对原文进行整体的翻译,且应注意保证翻译文章能够保留原文的特征、形式和风格。

综上所述,功能视角下商务英语的翻译应在严格遵循文本完整、统一规范、准确严谨以及目的性的原则下进行实际的翻译工作,这就要求专业的翻译者能够通过交流、学习、理解和沟通等方式切实提高自身的翻译水平,并且能够注意到翻译中词语句子和篇幅的翻译技巧和特征的把握,从而使商务英语翻译中的准确严谨、专业熟练和文化承载性的特点表现出来。

第二节　商务英语翻译的功能性

随着全球经济一体化的发展,国际商务日益频繁,商务英语翻译在国际经济交往中的重要性日益凸显。本文将从商务英语翻译的功能性分析入手,对商务英语翻译中涉及的相关问题进行重新梳理论述。

一、商务英语的概念及分类

商务英语属于专门用途英语的一支,指在各种不同商务领域中使用的英语,从广义上来讲,商务英语既包括商务英语口语也包括商务英语书面语（商务英语文本）。商务英语口语主要应用于商务会议、电话、接待、谈判、演讲、营销等活动中。书面的商务文本包括:商业新闻、商标、商品目录册、产品手册、商业广告、商务信函、企业宣传材料、商务合同、法律文件,还包括商务备忘录、会议纪要、商业声明以及所有相关的商务文件、报表等。[1]

二、商务英语文本的功能性

德国功能翻译理论以"译文功能"为中心,提出译者在整个翻译过程中应注重译文在译语语言环境中所预期达到的目的和交际功能。商务英语文本种类繁多,翻译

[1] 乐国斌."互联网+"时代商务英语教学模式研究［M］.长春:东北师范大学出版社,2018.

面广、量大,因此,为了达到预期的翻译目的,就必须对商务文本的类型以及文本功能进行分析。

（一）商务英语的文本类型

在此,笔者借用德国功能翻译理论的代表人物赖斯的文本类型模式来分析商务文本类型及其相对应的语言功能:

1."以内容为主的"或"信息型的"文本

此类文本只注重对事物的客观描述和语言的逻辑,其主要作用是交流信息、知识和意见,包括新闻报道和评论、商业信件、商品目录、产品使用手册、专利证书、条约、文件、报告、论文、科技文献,以及各种非文学性的文章、书籍等。

2."以形式为主的"或"表达型的"文本

指创作性写作,注重用语言的适当形式（如词汇、句法,甚至音韵）来表达作者的情感和语言的美学功能。包括各类文学体裁,如散文、自传、小说、诗歌等。

3."以诉请为主的"或"施为型的"文本

注重其最后的效果,重点是呼吁、说服、劝阻、欺骗文本读者或接受者采取某种行动,如广告、宣传等。

（二）商务英语的文本功能

由以上文本类型模式可以看出,商务英语文本大都属于第一和第三类型,因此,我们可以将商务英语文本的功能归纳为以下两点:

1.信息功能

信息功能是商务英语的基本功能之一,无论是商务信函、经济合同、商业单证、产品说明书,还是经济案例的申诉、仲裁、判决,其主要功能就是向相关人士提供各种信息并且帮助他们进行更好的交流,解决问题。总之,信息性功能是商务文本的首要功能,即使那些以诉请为主的商务文本也是通过向受众传递信息而实现其目的的。

2.诉求功能

商务英语的另一个功能特征是诉求功能,这类文本往往具有某种与文本受众"对话"的性质。商标、商业广告、企业宣传材料等都属于这一类型,它们的主要目的在于向大众宣传商品、服务或商业理念,从而使大众对该商品、服务或者企业感兴趣,进而采取进一步的行动（如购买商品）。

在翻译实践中,一个文本可能同时具有多种功能,如商务广告的主要功能是诉请,但是同时兼具信息功能和美学表达功能;商业报告是信息文本,但当它向大众公布的时候，实际上是被用作宣传材料劝说大众采取行动，如购买其股票、产品或服务。

三、商务英语翻译策略

商务文本具有其特殊的功能性特征，如何在译入语文本中实现商务英语文本的功能，达到商务英语翻译的目的是衡量商务英语翻译质量的重要标准。具体来讲，商务英语翻译过程可以遵循以下几个步骤：

（一）确立翻译原则

1. 忠实性原则

忠实性原则首先指忠实地将源语言传达的信息用译文语言表述出来，实现信息等值，而在翻译过程中不刻意追求语法或词汇与句子结构方面与源语言表达得完全一致。此外，商务翻译涉及贸易、合同、保险、投资、货运、金融等领域，商务体裁的文章、资料无论从措辞、结构及行文方式上都格外严谨和正式。对于这种情况，译者应忠实于源文的语言规范和行文规范。

2. 准确性原则

准确性原则指译者选词要准确，概念表达要确切，数字与单位要精确。商务英语翻译涉及众多的领域，其中包括大量专业词汇，具有商务含义的普通词和复合词，以及缩略词等。因此，在翻译时应特别注意这些词汇在不同领域、不同语境中的特定含义，做到译文既准确又专业。

3. 统一性原则

统一性原则主要指在商务英语的翻译过程中，对一些惯例的译法要遵循并保持统一。尤其当这些译文经过实践及时间的检验证明已被世人接受并广为使用时，不宜再根据个人的理解和习惯推陈出新，以免产生混乱甚至造成误解。统一性原则一方面体现在对专有名称的翻译上，另一方面还体现在商务文本格式的使用上。

（二）制定翻译提纲

翻译提纲的制定在商务英语翻译中至关重要，而在以往的翻译研究中常常被忽视。这里提到的翻译提纲是指实际动笔翻译之前所做的具体的、实际的准备性工作。主要包括以下几项工作：

1. 确定翻译目的

基于以上商务英语文本功能的分析，商务英语翻译的目的是实现源语言文本在目标语文本中的语言功能，或者说，商务英语翻译多是"等功能翻译"。商务文本强调不同的语言功能,如果源语言文本是信息性的,那么译语文本也是信息性的,如果源语言文本是诉求性的,那么目标文本也是诉求性的。

2. 源语文本分析

源文分析包括泛读和精读,泛读可获得其大意,精读可以了解词汇、句法以及篇章不同层次的文体特征。对源语文本的分析有两个目的:首先,弄清楚内容是什么;其次,从译者的角度分析其意图和写作方式,以便选择合适的翻译方法。

3. 目标文本分析

在源语文本分析的基础上,就可以确定目标文本的具体特征,以及分析源语文本和目标文本之间有何差异,如何弥合两者之间的差异,这种差异既指文体差异又指两者之间的文化差异。对目标文本的分析是为了充分实现源语功能。

经过以上几个步骤,译者就可以进入实际的翻译工作了,并且在翻译过程中选择使用具体的翻译方法。

（三）选择翻译方法

1. 直译法

直译法指翻译基本保持源语的句法结构和修辞特点。在商务英语翻译中适用于句法结构简单、意思表示清晰的商务材料翻译,当此类材料被直译成另一种语言时,译文能够很好地传递源语的表层意思和深层意义。对商标的翻译就可采用直译法。此外,当直译法能够解决翻译问题,实现翻译目的时,那么就应首先选择直译法。

2. 意译法

由于语言之间的差异性,直译容易引起误解,不能成功传达信息时,就可以采用意译法。意译法不拘泥于源语的句法结构,而是注重源语信息的传递,在翻译过程中使用的手段非常灵活,从词汇层面的词类转译法、加词法、减词法到句法层面的倒装法、插入法、分译法、合译法,再到特殊商务文本的音译法、创造性译法等,这些都属于意译的范畴,意译法被广泛应用在各种商务文体的翻译中。

由以上论述可以看出,翻译作为一门技巧性学科,具有多种方法,翻译方法的选用并不是单一不变的,而是要根据不同的场合以及所处的不同语境来灵活地运用某一种翻译方法,或者将几种方法叠加,但是无论使用怎样的技巧、怎样的方法,始终以实现商务英语的文体功能为目的。

第三节　商务英语翻译的准确性

随着国际商务的空前繁荣,商务英语在国际交流中起着越来越重要的作用,商务英语是一种包含各种商务活动内容、满足商业需要的标准英文。它包括各种涉外合同、协议、公函、书信、通知、电报、演讲等。对于涉外商务工作人员、涉外企业管理人员和涉外翻译工作者来说,熟悉商务英语相关专业知识,掌握商务英语语言特点,遵循准确严谨、规范统一的翻译原则,是应当具备的必要条件。

一、商务英语的语言特点

(一)商务英语词汇及其内容具有很强的专业性

商务英语在词汇使用上的最大特点是对专业词汇的精确运用,其中包含大量专业词汇、具备商务含义的普通词或复合词,以及缩略词等。如价格常用术语 FOB、CIF 有其特定的专业内容。FOB(free on board),离岸价格;船上交货价,指卖方在产地交货而由买方负责运费的交易方式;CIF(cost insurance and freight),成本、保险费加运费的到岸价格,指卖方负责运费、保险费的交易方式。其他如 C.W.O(cash with order),订货付款;B/L(bill of lading),提货单;L/C(letter of credit),信用证;C.O.D.(cash on delivery),货到付现;W.P.A(with particular average),水渍险(指在保险业务中由于海上事故所导致的部分损失);blue chip,蓝筹股,绩优股;bad debt,呆账(无法收回的应收款项);affir moffer,实盘等。不了解这些专业术语,就无法做好此类商务英语的翻译。

(二)商务英语词句简洁明快

主要表现在商务信函中多使用简洁句、简短并列句和简短复合句。

(三)一词多义现象普遍

商务英语中,一词多义的现象非常普遍,一般说来,如果一个名词有多种意义时,往往分别适用于不同的领域和专业,是该领域或行业的行话和专业术语,因此在我们进行翻译时为了确保译文的准确,一定要了解某个词特定的专业意义,了解该专业的相关知识,毕竟专业术语是用来正确表达科学概念的词,排斥多义性和歧义性。

（四）不断发展变化

商务英语与当今的政治、经济、文化和科技活动密切相关，并随着时代的发展而发展。反映政治经济的新词汇层出不穷。

还有一些新词是通过原有的词汇经不同的语义搭配而产生的。例如，"venture capital（风险投资）"这个词是近年来从国外"引进"的，含义是人们对前景看好的产业或冒险创新事业给予一定的资本支持。由于这类产业投资有一定的风险，所以称为"风险投资"；此外，这些产业多来自刚刚起步、鲜为人知的企业（start-ups），所以又称为"创业基金"。

二、商务英语翻译策略

（一）熟悉商务英语相关专业知识

商务英语翻译和普通英语翻译有很大的区别，普通英语翻译只要精通源语语言、译语语言，以及源语文化、译语文化，再具备熟练的翻译技巧，译者的翻译可能会是比较成功的；而商务英语翻译比普通英语翻译要复杂得多，因为译者除了要精通两种语言文化，以及翻译技巧外，还必须熟悉商务方面的知识。如仅国际贸易合同协议的翻译，涉及面就很广，除合同协议本身涉及的专业技术知识外，还要涉及国际贸易、国际汇兑、会计学、运输学、保险学、法学及国际商法等专业知识。因此，要搞好这类内容的翻译，就要求涉外人员不仅具有相应的专业知识，而且要了解商务领域的语言特点和表达法。

（二）商务英语翻译选词应具有准确性

商务应用文书在选词上大量运用专用词语和数量词，因此准确性是翻译商务英语的第一要求。这里讲的"准确"不是讲只满足于字面上的一致，而是从词义、专业上去深刻理解原文的含义，使原文准确无误地表达出来。

（三）术语翻译应符合商业惯例

商务英语是专门用途英语变体，在遣词造句方面，商务英语较多使用商务英语专业术语（business terminology）、缩略语（abbreviations）、合并词（combinations），如 L/C、FOB、W.P.A.、Blading 等，这些商务术语，特别是言简意赅的缩略语或合并词，可避免冗长的解释，提高工作效率，但是，在商务英汉翻译中，由于不了解商务英语的这种特点与要求，或因为没有掌握国际经贸知识，翻译就可能出现所选术语或用词不符合商业惯例或者不恰当的问题。例如，dirty bill of lading（不结提单）被译成不合规范的"不洁提单"；flat price（统一价格）被译成不恰当的"平价"。

（四）了解文化差异，有敏锐的文化嗅觉

我们常常会发现，表达同样意义的词汇，在不同的语言中可能会有不同的内涵，从而给不同文化背景的人们留下不同的感受，如上海生产的"大白兔"奶糖因其质量上乘，深受消费者的欢迎，"白兔"在我们看来是一种可爱的动物，但如果把它译成"White Rabbit"并销往澳大利亚，也许销量不会尽如人意，因为在澳大利亚大量野兔四处掘洞，破坏草原并与牛羊争食，影响其畜牧业的发展，人们厌恶"兔子"这种动物，所以也不会喜欢以此为商标的商品。这样的例子很多，尤其是一些动植物的名称词，以及数字和颜色词等，在英译与这些词相关的商标时，务必小心谨慎，以避免因词义褒贬的变化造成所译成的英文商标不受欢迎，影响商品的销售。

这种文化差异在广告翻译中也是不容忽视的，例如，很多汉语广告中，特别是在许多食品广告中，为了突出其受众的广泛性，常常强调"老少皆宜"，如果它被译为"suitable for both the old and the young"，是不恰当的，它忽视了"老"在西方文化中的忌讳性。不妨看看一些英语广告中的表达："efficacious for grown-ups and children"（Leephick 花旗参茶）。

这不但要求译者思维灵活，知识丰富，善于联想，更要求译者有敏锐的文化嗅觉，涉及出口商品的翻译更是如此，只有这样，才能译出正确的品名、精美的商标、诱人的广告，才能把我国更多的商品推向国际市场，使我国的经济更快更广地融入世界经济中去。[1]

（五）始终遵循商务英语翻译原则

译者在翻译过程中要始终遵循"准确严谨"的原则。选词要准确，概念表达要确切，物与名所指要正确，数码与单位要精确。这里的"准确"不只是限于字面上的一致，而是从词义和专业上去深刻地理解原文的含义，达到准确无误，译文所传递的信息同原文所传递的信息保持一致，商务翻译与贸易、合同、保险、投资、货运、金融等领域的文字相联系，所涉及内容严肃而具体，对译者在翻译时的准确性提出了极高的要求。

第四节　商务英语词汇特点及其翻译

随着中国与世界各国的商务往来活动日益频繁，作为交流工具的商务英语作用也越发重要。属于专门用途英语的商务英语翻译必须准确、实用、地道。本章以商务

---

[1] 吕晓轩.商务英语教学评价理论与实践研究［M］.黑龙江大学出版社，2016.

英语词汇的翻译为例,说明词汇的语言特点,以及翻译的注意事项。众所周知,商务英语源于普通英语,但又是普通英语与商务各领域专业知识的结合。因此,商务英语除具有普通英语的语言学特征之外,又具有独特性。独特性之一就是商务英语有许多完全不同于其他种类英语词汇之含义的专业术语。因此,翻译商务英语语篇时,译者除掌握必要的翻译技巧外,还应具有商务专业知识。因此,应根据其特点翻译,这样译文才能做到准确、适当。

一、商务英语词汇的特点

一般来说,商务英语词汇具有术语性、普通词的专业性、简约性和繁复性等特点。商务英语与普通英语的最大区别之一就是专业名词和专业术语多,而且许多常用词被赋予特殊的含义。商务英语服务于特定的言语社团,具有特定的交际目的,呈现出独特的词汇特点。一词多用、一词多义的现象极为普遍。不仅如此,在商务英语中还涉及很多不同的专业,比如,国际贸易、金融、会计、银行、运输、保险等相关领域。

二、商务英语词汇的翻译方法

(一)商务英语中术语、套语和缩略语的翻译方法

商务英语在长期的国际商务活动中提高了商务交际的效率,也形成了一系列的专业术语、套语和缩略语,在商务交际活动中具有很强的实用性。第一,专业术语的翻译方法。专业术语一般具有固定的意思,一个术语只表达一个概念,这种术语的翻译借助商务专业词典就能够译出。为了提高商务交际活动的效率,商务英语在长期的国际商务活动中形成了一系列的程式化用语。在进行翻译的过程中应该牢记这些常用套语。第二,缩略语的翻译方法。商务英语中普遍存在缩略语,要想对其进行准确的翻译就需要参考它的构成方法。构词方法往往对翻译能够起到提示作用。缩略语一般由动词、名词、形容词等实词的首字母组成,是商务英语的重要组成部分,是人们长期使用过程中演变的结果。缩略语的语言特点是词义单一、简洁明了。在使用过程中,既节约时间、提高效率,又保证规范、减小误差。在翻译时应根据缩略语前后词语的搭配以及上下文的意思,根据句中语法进行翻译。在翻译过程中如果遇到一些冷僻字或者是在词典中查阅不到的缩略词,应该根据常识和专业知识进行辨别,然后再准确翻译。

(二)普通词汇的翻译方法

商务英语词汇量丰富,除了专业术语、套语、专有名词和缩略语之外,绝大部分都

是普通词汇。这些词汇具有很强的灵活性，词义也很丰富，同一个词语在不同的语境中往往具有不同的意思，这就需要在翻译过程中仔细斟酌其适当的含义。普通词汇的翻译方法主要有以下 3 种：

第一，根据语境翻译。语言的用法、色彩和意义都是由一定的语境来决定的，普通词汇具有多层意思，在不同的语言环境中具有不同的意思，在翻译过程中要根据它所处的语言环境来界定其含义。

第二，根据对应的专业领域进行翻译。商务英语涉及金融、贸易、保险、财政等诸多学科领域，同一商务词汇在不同的专业领域中往往表达不同的概念。商务词汇有时还被用于某一特定的专业，在翻译过程中就需要把词汇放进特定的专业领域进行翻译。

第三，根据搭配关系进行翻译。商务英语中一词多义的情况比较多，词义具有很大的灵活性。具体词汇的意义依赖于它和其他词汇的搭配关系和其所在的上下文语境，在具体的语境中词汇就只有一种准确的翻译方法。

商务英语的翻译除了要准确把握词汇的含义之外，还要求译者从相关的专业知识背景上对原文进行理解，不但要看到原文的表层词汇信息，还要理解其深层的文化内涵。商务英语的翻译需要译者具备两方面的素质：一是扎实的语言基础，掌握语言的基本要义，熟知词汇的多种意思，在翻译过程中才能游刃有余；二是要具有相关的专业知识背景。在商务英语的翻译过程中，如果遇到词义不确定的情况，就需要把这个词汇放到特定的语言环境中，从语言的特殊角度去了解商务英语词汇的独特性和规律性，掌握商务英语的惯用法和表达法，赋予商务英语以专业的文化内涵。

总之，商务英语是以词汇丰富，专业术语数量庞大，古语词使用频繁等特点而区别于普通英语的。因此，译者在翻译专业术语时必须慎重，必须遵循一定的翻译原则，采用一些翻译策略。只有不断地学习最新的知识，积累实践经验，扩大知识面，才能使商务英语的翻译更准确。

第五节　商务英语翻译中的词语选择

所谓商务英语，就是用于商务沟通的外语的一部分。在实际的商务英语翻译过程之中，应该注重对其翻译的技巧和基本的策略，也就是说要综合性地运用口语与书面语来挖掘商务英语翻译中的基本规律，那么这就完全符合了商务英语翻译的严谨的要求。商务英语的翻译是比较灵活的，这需要考虑到很多方面的因素，如词汇、句子本身的含义，除此之外还应该考虑商务活动所处的环境。一般而言，翻译成功与否在很大程度上取决于商务英语词汇选择上的恰当与否。选择了恰当以及得体的词语便可以为商务英语译文的准确度以及通顺程度铺平道路。鉴于商务英语与各种经济利益有着直接的关系，因此对准确度的要求很高。本节就是通过对商务英语翻译过程之中的词语选择作为研究的重点，主要阐述了何谓词语选择以及选择商务英语翻译词语的具体方法及途径，旨在为商务英语的翻译提高词语选择上的若干建议。

一、商务英语概述

在对外贸易、国际旅游、海外投资以及招商引资、国际运输等方面的商务活动之中所运用到的英语统称为商务英语。商务英语文体十分复杂，它所涉及的范围十分广泛，主要包括法律英语、广告英语、包装英语以及应用文英语等功能多变的英语品种等。目前，在英语翻译界所提出的商务翻译标准，大多数情况下均与传统翻译理论的基本要求"信、达、雅"相脱节，形式过于单一与笼统，根本与商务英语的翻译对不上号。笔者认为，翻译的问题应该具体问题具体对待和分析，这主要是由于具体的翻译受到翻译的性质、目的以及不同读者全体的限制与制约。与此同时，商务文件又会涉及双方的基本权利与义务，这就要求翻译者能够将原本的内容与含义尽可能多地翻译出来，这样才能够使得语义清晰，能够让人更深入地理解和掌握。在商务英语翻译过程中，对于词语的选择显得尤为重要。

二、商务英语翻译过程中词语选择的失误

英语翻译之中，词语选择失误，又可以称为"语用失误"。对于语用失误，我国著名的语言学家何自然就曾经这样对语用失误下过定义，即语用失误并不是指一般遣词造句之中所出现的语言运用性错误，而是说话不合时宜过程中的失误，或者交流双方说话方式方面存在一些突出的问题。对于进行商务谈判的双方而言，在实际的交流过程之中由于存在语言方面的差异或是文化上的差异，往往会对对方的人际规范以及社会法律等方面进行严重的侵犯与违反，这就会使得双方对对方的一言一行不能给予理解或是重视，从而使得双方的交际出现了严重性的问题。在实际的商务谈判与交流过程之中，所出现的语用性失误主要表现在如下几方面：

1.思维模式及价值观差异导致了语用失误

对于具有不同文化背景的民族而言，其在处理问题的时候很有可能会倾向于运用不同的思维方式，这样就可以促成不同的思维方式的形成，这就在很大程度上阻碍了不同民族之间的交往活动。对于英语翻译而言，也是如此，这主要是由东西方文化的差异以及东西方人的思维方式不同而引起的，即东方人的思维是主观的、整

体性的以及非体系的；而西方人的思维则是个体化的、客观地以及成体系的。对于儒家思想中的"仁""义""礼"，我国人民非常重视感情，倾向含蓄内涵以及藏而不露，而且常常喜欢用委婉的话语来表达自己的内心感受，强调的是客气。基于此，在实际的商务交流沟通过程之中，中国人的迂回战术常常让习惯于开门见山的商务谈判者感觉十分茫然或是非常不耐烦，而中国人则认为西方人非常鲁莽和草率。中国人谦逊的一面，世人皆知，这主要是由于中国人非常注重谦逊，然而在实际的商务信函翻译之中，如果表示慷慨以及谦虚的意思时，若礼貌性地用语不恰当，那么就会很容易走入"卑恭"的误区。对于词语的选择显得尤为重要，尤其是在商务交流与谈判过程之中，非但起不到很好的效果，反而让对方感觉别扭甚至是没有诚意。[1]

2. 禁忌语及联想意义差异导致的语用失误

对于世界上的任何一个国家及民族而言，由于历史和传统习俗等方面的问题，均存在着这样或是那样不同的忌讳以及民族习惯。而且对于具有不同文化背景的人而言，他们对于同一个物体或是词汇均有不同理解和情感。对于本族语交际双方而言，认为是不言而喻的文化信息，而来自其他文化的目的语读者则往往会弄不懂他们究竟在说什么或是究竟表达一个怎样的意思或情感；或者对于本族语读者能够带来欣喜与娱乐，而对于其他文化的人们则会使之产生厌恶或是排斥感。然而，在实际的商务英语翻译之中，译者往往会忽视禁忌语及联想意义差异，这就会导致跨文化商务交流的失败。例如，龙"dragon"为中华民族的象征物，是中华民族的图腾，象征着权威、吉祥以及力量。然而，在西方的神话传说中，龙则象征着怪物，是恶魔与灾难的化身。因此，对于"亚洲四小龙"的翻译则不能直接译为"Four Asian Dragons"，而是要将其翻译为"Four Asian Tigers"。这主要是由于"tiger"一词在西方人的观念里，是代表强悍的意思。由此可以看出，中西方的文化差异，在很大程度上影响了英语词汇的具体翻译。

三、商务英语翻译过程之中的词语选择对策

基于以上关于商务英语实际翻译过程之中所出现的一些问题的阐述可以得知，应该注重一定的语用范围以及各个国家、地区以及民族的习俗与习惯来对词语进行选择。下面就是针对商务英语翻译过程之中的词语选择对策着重地阐析：

1. 根据实际的商务英语的语境来对词义加以选择

由前面关于商务英语的概念的阐述可以得知，商务英语的涵盖面十分广泛，其包

[1] 王光林，彭青龙. 商务英语教学与研究［M］. 上海：上海外语教育出版社，2008.

含了众多内容，涉及很多领域及其具体的学科，主要包括如下几方面的学科，如国际运输、保险、财政、国际经贸以及政治经济学等方面。由此可以看出，商务英语涉及的面十分广泛，所包含的专业范围也比较广泛。因此，对于不同专业而言，就算是同一个英语词汇，如果出现在不同的领域或是专业也会具有不同的含义。

2. 加强文化背景方面的知识融入实际的商务交际活动之中

中国与西方文化之间的差异导致了语用方面的差异性，这就是造成中西方商务交流活动经常出现的语用方面失误的一大原因。如果不能很好地对这些方面的差异加以理解的话，那么商务活动交易的双方就无法真正领悟到各自语言所表达的含义。因此，笔者认为，在实际的商务活动交际过程中，应该注重加强文化背景方面知识的融入，这样才能够让交际双方更好地了解对方所要表达的含义。

3. 注意文化差异在商务英语翻译过程之中对词语选择的重要影响

在实际的商务英语翻译过程之中，不能仅仅考虑文字意义而对文化之间的差异给予忽略。由于商务英语翻译涉及的领域十分广泛。因此，文化的表现形式十分复杂。在实际的商务信函翻译之中，礼貌性这一文化现象在英汉这两种语言中均有所体现和反映，然而具体的表达方式却有所不同。因此，在汉语实际翻译过程之中，应该注重在翻译过程中对词语的选择。英语和汉语在称谓上文化差异明显。如汉语中称自己常用"敝人、在下、足下"，而英语中第一人称只有"I"。英语中的第二人称只有"you"，而汉语通常用"贵方、阁下、您"来表示。英语和汉语在礼貌性地表达方式上也不同，商务英语中常用时态倒退、被动语态、虚拟语气、弱化语气变换表达方式，使句意表达委婉而显得有礼貌。而汉语常常使用各种庄重典雅的修辞来加强句子的礼貌程度。

商务英语所涉及的内容十分广泛，而且也受到不同因素的影响，如语境、各个民族不同的风俗习惯以及表达方式等影响，这就使得在商务英语的实际翻译过程之中出现一些中西方文化上的差异性，导致了中西方商务谈判或交流人士之间在理解上的误解。这将直接影响到商务英语交流的正常进行，也会影响到比较重要的经济交流活动，从而对双方的利益极为不利。本章在分析了商务英语语用失误的基础之上，提出了应该注重商务英语翻译之中词语的选择，具有十分重要的意义，满足了商务英语翻译准确性的原则和要求，同时也解决了实际过程中所出现的各种问题。商务英语翻译中的词语选择是一个极其复杂的过程。

第五章　商务英语句子跨文化特点

第一节　商务英语中定语从句的翻译

随着国际商务的空前繁荣，人们对商务英语越发关注，但不管是对商务英语教学的研究，还是商务英语的翻译探讨，都具有独特性。本章根据汉语表达的需要将商务英语定语从句句型结构和语义方面做适当的调整，并归纳出四种翻译技巧，帮助译者解决难题。

一、商务英语定语从句的理解

商务英语是一种包含了各种商务活动内容、适合商业需要的标准英文。其中商务活动包括技术引进、对外贸易、招商引资、对外劳务承包与合同、国际金融、涉外保险、国际旅游、海外投资、国际运输等。商务英语用于商业活动这一特点使它更加注重表达效果的准确性、时效性和逻辑性。因此商务英语语句结构通常较为复杂，尤其在招标文件和投标文件以及合同等具有法律属性的文件中，多用长句、复合句、并列复合句等。这些语句结构更严密，细节更突出，更能突出法律效果。在这些语句结构复杂，句式冗长的复合句中，定语从句的使用尤为普遍。

英语定语从句在复合句中起定语作用，可修饰主句中的名词或代词，也可以修饰句子的一部分或整个句子。定语从句通常放在所修饰语之后，由关系副词或关系代词引导，关系副词或关系代词除了连接主句和从句之外，还在定语从句中起一定的作用，关系代词在从句中可做主语、宾语、定语；关系副词在从句中可做状语。英语定语从句和主句之间有可能是并列关系或主状关系。而汉语的定语则多为词、短语或短句，置于修饰语之前，无关系代词或副词连接，其形式为"的"字结构，较简单明了。另外，英语定语从句的限制性和非限制性两种区别在于其限制意义的强弱，而汉语定语无限制强弱之分。因此，不管英语定语从句是限制性的还是非限制性的，如果较短，都可以译成汉语的定语，反之，如果较长，就不宜译成汉语中的定语。

尤其是商务英语定语从句逻辑严谨，句式较长，甚至有的定语从句可能包含有其他从句，句子结构复杂。所以翻译时应区别各种不同的结构形式并采取灵活多样的处理方法，以免层次混乱。

第二节 商务英语中被动语态的应用与翻译

语态是动词的一种形式，用以表示主语和谓语之间的关系。英语的语态分为主动语态和被动语态，主动语态表示主语是动作的执行者，被动语态表示主语是动作的授受者。两种语态不仅在句式结构上存在重大差别，而且还具有不同的语义信息，更重要的是在不同的句式结构和语义信息背后，还隐藏着至关重要的交际意图。作为一种专门用途的英语，商务英语是以英语作为信息传递的载体，用于某一专门行业、学科领域的英语语言。因此，与普通英语相比，商务英语除了具有普通英语所具有的特征之外，在其词语用法、句子组成以及篇章构建等方面又有着独特的风格。作为 ESP 的一支，商务英语是英语知识和商务知识的结合，具有很强的交际目的和特定的交际对象，在用词、句式、篇章上拥有自己独特的风格，其中被动语态的运用就是商务英语的特征之一。[1]

一、商务英语中使用被动语态的原因

（一）由英语语言思维模式的特点所决定

英汉民族思维的差异主要反映在篇章结构上，英语段落通常直截了当地把要点放在句首说出来，以一个主题句开头，然后再按照一条直线展开，在以后各句中发展这一中心思想，句子之间使用连接词衔接，这一语篇结构显得直观，体现了解析式思维。而汉民族习惯于从侧面说明，阐述外围环境，最后点出话语的信息中心，行文以语义为中心，只要语义相关，篇章就自然流动。句子之间没有那么多连词，而是靠思维的连贯、语义的自然衔接、前后贯通、上下呼应来表达一个完整的意思，体现了整体式思维。因此形成了先因后果，客观叙述在前、主观评论在后的思维模式。这种思维模式表现在句子结构上为头大尾小，句子的扩展呈现逆线性延伸。因此汉语中主动语态句使用频繁，而习惯于客体思维方式的西方人却常把观察和叙述的视点放在受事者身上，并以此作为句子的主语，因此英语中被动语态句的使用相当广泛，英语中被动结构的句子通常译成汉语的主动句。

[1] 王光林.商务英语教学与研究 第 5 辑 商务沟通研究专辑［M］.上海：上海外语教育出版社，2016.

（二）由商务英语的语篇特征所决定

商务英语是人们在从事国际商务活动过程中经常使用的以及国际商务学科所涉及的英语，是英语语言的一种功能变体。商务英语源于普通英语，并以普通英语为基础，因此商务英语完全具有普通英语的语言学特征。但同时，作为一种功能性语言，商务英语又是商务知识和英语的综合，具有独特性。商务英语的中心点是"语言"，商务是其特征。商务英语的特点是"专业性强，行业特征明显，用词讲究，准确精练，句式规范，文体正式，措辞礼貌，讲究客套"。在商务文书的抱怨信、索赔函等传递"坏消息"的信函写作中，为了保全对方的面子和体现商务英语的礼貌原则，使用被动语态可以使语气更委婉、礼貌；另外，当商务活动中的一方向另一方发出命令、请求（如要求对方降价、要求对方提前发货等），或者向对方施加压力时，为了避免生硬的语气，避免给对方以盛气凌人的感觉，通过使用被动语态可以把要求和指令变成间接指令；而在产品广告、介绍等推广宣传产品或企业的商务语篇中，使用被动语态可以体现其内容的客观性、真实性，避免吹嘘之嫌；在商务合同、条约、商议函的撰写中，使用被动语态能使语气更客观、公正。由于被动语态往往隐去施动者，说话人不把自己和受话人直接置于语境之中，I、you、we之类的第一、二人称代词常被避免使用，因此被动语态可以体现商务英语的客观性、经济性、准确性和规范性。

二、被动语态的语用功能

根据系统功能语法，韩礼德认为语言有三种基本功能：概念功能、交际功能和语篇功能。

（一）交际功能

交际功能是指语言具有表达说话者身份、地位、态度、动机和判断事物、参加社会活动、建立社会关系等的功能。语言的交际功能是讲话人作为干预者的"意义潜势"，是语言的参与功能，通过这一功能，讲话者使自己参与到某一情景语境中，来表达他的态度和推断，并试图影响别人的态度和行为。分析人际意义可以通过语气、语态、语调及其他评价手段来进行。

1.委婉礼貌

商务英语具有很强的交际性，而一切商务活动都与经济利益密切相关，因此在商务口语或书面语中都不可避免地会出现贸易摩擦，如何运用语言技巧进行商务交流，减少损失，取得最高的经济利益就显得尤为重要。被动语态作为委婉语的一种使用方式，能够减少或避免不愉快的事情发生，或是在商务交流中避免对另一方造成不必要的伤害，达到事半功倍的效果。被动语态中由于省略了施动者，避免直接批评或指责对方，言辞就显得较为委婉礼貌，这在商务英语信函中表现得尤为突出，尤其是书写拒绝、投诉等信函时，常常采用被动语态，避免直接指责影响贸易双方的合作。

2. 陈述客观事实

被动语态与主动语态相比更具有客观性，主动语态的主语通常是第一、第二、第三人称代词或者其他名称，给人一种主观臆断的感觉。商务英语的有些句式施动者是谁并不重要，使用被动语态只是对客观事实的一种陈述，使句子重心落在对客观事实和情景的描写上，动作或事实本身才是重点。

被动语态句中施动者的不直接出现，从而使句子重心落在对事物进程和事件结果的客观陈述上。

3. 语言的简洁性或连贯性

语言的简洁性是指在商务英语的使用过程中，使用精练的文笔来清楚地表达商务文本需要表达的内容。在实际的商务活动中，语言的简洁性是为了方便高效率的沟通与工作，商务英语用词的简洁性是商务英语的一大特色。此外，被动句也是语篇衔接的纽带之一，有时候作者使用被动句是为了与主动句交替使用，使信息均匀分布，从而调整语序，使上下文更好地衔接。

（二）语篇功能

语篇功能是指语言中存在着一种机制将口头或书面的话语组织成连贯统一的语篇。尽管两个句子在概念功能和人际功能方面可能完全相同，但就语篇功能而言可能存在较大区别。

语篇功能满足了在实际应用中语言前后相关联的要求，使实际的上下文具备一定的结构，从而使实际的篇章区别于语法或者词典中一个个孤立的条目，它提供了一系列潜在的可用的意义，使语言结构的组成成为可能。韩礼德指出语篇功能包括三个子系统，即主位—述位系统（或主位结构），已知信息—新信息系统（或信息结构）和衔接系统。从语篇层面来说，主动语态和被动语态的主位结构、信息结构以及衔接系统都是不同的。从主动语态变为被动语态，就是根据语用对句子的成分进行重组。但是英语被动语态不仅仅是语用重组的结果，而且它还赋予了前置成分和后置成分一种特殊的语篇功能。

1. 主题功能

（1）突出主题功能

突出主题功能是指运用被动语态对语篇中的信息进行重组，从而把交际者想要表达的重要信息置于句末,成为信息焦点,突出了此信息的重要性。在书面语中,句子的成分在句子的前后顺序决定了信息的重要性,因此通过被强调的成分移到句尾的方法可以突出强调新信息。

(2)转换主题功能

转换主题功能就是指通过句法语用重组,使前置成分为已知信息,与前文主题相一致,而后置成分则为新信息,为下文引出另一个主题,从而使语篇自然过渡。

(3)引入主题功能

引入主题功能也是运用一定的句法手段为语篇提供一个主题,即语篇需围绕这个主题进行说明和阐述。被动语态的运用可以使语篇在重组时,把某人或某物作为新信息置于句末,为语篇引入一个新主题,以供下文讨论之用。

2.焦点功能

(1)对比焦点功能

对比焦点功能就是使用两个或多个被动句,将成分并置于句末,成为信息焦点,使之形成强烈鲜明的对比性焦点。

(2)凸显焦点功能

凸显焦点功能是指运用被动语态对语篇中的信息进行重组,对成分的正常次序进行调整,从而把说话者想要表达的重要信息置于句末,成为信息焦点。

(3)语篇衔接与连贯功能

语篇衔接与连贯功能就是指使用被动语态来调整已知信息和新信息的位置,使之与上下文在结构上衔接,语义上连贯,从而使语篇中的信息流畅地表达出来。

三、商务英语被动语态的基本模式

英语被动语态的基本结构是系动词 be+ 动词的过去分词,通过介词 by 引出动作的执行者,也可以省略动作的执行者,商务英语的被动语态有以下几种模式:

(一)有施动者的被动句

"受动者 +be+ 动词的过去分词 +by+ 施动者"的结构。

(二)无施动者的被动句

"受动者 +be+ 动词的过去分词"的结构。

(三)it做形式主语的被动句

"it(形式主语)+ 被动语态(谓语)+that+ 主语从句"的结构。

（四）其他形式的被动表达

结构形式表主动，意思表被动。

四、商务英语被动语态的翻译技巧

（一）将被动句译成汉语的主动句

在很多情况下，英语被动句适合翻译成汉语的主动句。

（二）将被动句转译成汉语的判断句

汉语的判断句常用"是……的"这一句式，它没有被动意义，但可以与英语中描写事物过程、性质、状态的静态被动句对应。

（三）将英语被动句译成汉语的无主句

英语中的被动结构可以翻译成汉语的无主语名，特别是当英语被动语句"情态动词（must，can）+be+ 动词的过去分词"构成时，往往如此；也可以将其译成"主语 + 情态动词的含义 + 主动形式的谓语动作"的形式。[1]

（四）译成汉语的被动句

汉语中也有大量"被"字结构的被动句，这种被动句实际包括了"受""使""把"等词汇的半隐性被动句，因此英语被动句翻译成汉语被动句是非常合理的。英语被动句也可以根据其语义和汉语的特点与习惯，选择像"为、给、遭、受、让、经、由"等表示被动意义的标志词，翻译出理想的译文。

英语语言思维模式的特点和商务英语的语篇特征使得被动语态在商务英语中广泛运用，对商务英语的翻译，绝不能固守原句的语态，需要灵活采用多种翻译方式，使译文忠实于原文，符合汉语的表达方法，凸显被动语态的交际功能和语篇功能，体现商务英语的特点。

第三节　商务英语中复合句的翻译

在商务英语学习过程中，不少学生认为课文内容较难理解。究其原因，主要有两点：第一，教材中的语言材料均选自当代英美报纸杂志以及某些商务专著，专业词汇较多；第二，课文中的复合句较多。为了更好地理解商务英语阅读材料，一方面要扩

---

[1] 王光林．商务英语教学与研究 第 5 辑 商务沟通研究专辑［M］．上海：上海外语教育出版社，2016.

大商务英语方面的词汇量；另一方面要学会理解英语复合句的方法。本节仅探讨商务英语中复合句的翻译问题。

商务英语中有大量结构复杂的长句，以汉语为母语的学生遇到这种句子往往瞻前顾后，无所适从。这主要是因为英汉两种语言在结构、语序、语态等方面存在诸多差异，很多学生没有正确理解这些差异。

一、结构上的不同

英语语法结构较注重形合，为了完整地表达某个意义，作者常常借助各种修饰成分，如单词、短语或从句等对某个中心词进行完整而明确的阐述，句子长，结构复杂；而汉语则较注重意合，往往用一个或多个短句子来完整地表达某个意义。因此，我们在翻译比较长的英语句子时，往往采取拆译，将它拆成几个具有完整意义的短句子，使译文符合汉语的表达习惯，并且使人比较容易理解。

二、语序上的不同

英汉两种语言句子中主要成分如主语、谓语、宾语的语序基本上一致，差异较大的是定语和状语的位置，而这两种句子成分由于其所起的修饰性作用，在句子中占了很大比例。状语、定语从句和句子其他成分间复杂的语法修饰关系和内在逻辑关系，常常成为学生理解和翻译英语复合句的最大障碍。对这种关系理解的正确与否，直接影响译文的正确性。商务英语阅读中有大量的复合句，这些句子包含着一个或多个定语从句或者状语从句，如何翻译，并没有统一的标准。因此，学生们碰到含有很多定语或者状语从句的复合句，往往无所适从，不知从何下手。我们在日常的教学中应该引导学生正确划分句子成分，在此基础上，正确理解从句与主句的逻辑关系，并做适当变通，使译文更符合汉语的表达习惯。

（一）关于状语的处理

大部分学生能正确理解英汉语言中状语从句位置的差异。英语中状语从句一般处在宾语后的句尾，即主语＋谓语＋宾语＋状语，但是它有时也出现在句首；而汉语中状语的位置比较固定，汉语中状语往往处在主谓语中间，即主语＋状语＋谓语＋宾语，有时为了强调，也把状语放在主语之前。因此，我们在进行英译汉翻译时，往往将状语前置到主谓语之间或者句首。

（二）关于定语从句的处理

英汉两种语言中的定语位置也有所不同。汉语中的定语总是放在名词中心词前面,英语中定语的位置较汉语灵活。英语中单个词做定语时,除少数情况外,一般都放在中心词前面;而较长的定语如词组、介词短语、从句做定语时,则一般放在中心词后面。在了解英汉两种语言差异的基础上,我们在翻译实践中总结了几种翻译方法:

1.当定语从句为限制性定语从句或定语从句较短时,我们通常将定语从句放到它所修饰的名词中心词前面。

2.当定语从句为非限制性定语从句或定语从句较长时,我们往往采取拆译,从定语从句的引导词处将该句子拆成两个意义完整的短句子,使人们比较容易理解。

3.当定语从句与主句在逻辑上存在目的、条件、因果等关系时,我们常常将定语从句转译成状语从句,与主句并列,更清晰明确地显示句子中的逻辑关系,使人们更深刻地理解句子含义。

三、语态上的不同

英语中被动语态使用范围很广,凡是在不必说出主动者,不愿说出主动者,无从说出主动者或者是为了便于连贯上下文等场合,往往都用被动语态。汉语中虽然也有被动语态,但是使用范围狭窄得多。英语中被动语态的句子,译成汉语时,很多情况下都可译成主动句,但也有一些可以保持被动语态。

1.在进行英译汉时,语态不变,仍然保持原来的被动语态,但常常在主谓语之间加上一些汉语中表示被动的介词,如被、给、遭、为……所等。

2.在有些情况下,我们在进行英译汉时,可以变换语态,将原来的被动语态转换成主动语态。

3.有时候英语被动句中由于种种原因,省略了谓语动词的施动者,即"A be done."。如果我们在进行翻译时将其转换成主动语态时,就变成了 do A 这样一种结构。在这种情况下,我们往往加上泛指性的主语,如我们、人们、大家、有人等,或者将其翻译成汉语的无主句。

总之,正确理解与翻译商务英语复合句是商务英语学习的重点之一,而要正确理解与翻译这些句子,关键是要正确划分句子结构,理解英汉两种语言在结构、语序以及语态方面的差异。在此基础上,处理好句子中各成分之间的复杂的语法修饰关系和内在逻辑关系,这需要我们在翻译实践中不断地探索。

第 六 章 商务信函跨文化教学

第一节　商务英语信函的语言特点

目前，经济全球化正以不可逆的趋势飞速发展，国家间进行商务交流也愈加密切。自从 2005 年加入世贸组织，我国对外交流更加密集，商务英语信函作为国际进行磋商的重要工具，其重要性也日益凸显。然而随着我国对外贸易日益频繁，由于商务信函措辞不当，语义词义含糊而导致公司间经济纠纷的情况屡见不鲜，因此了解和掌握商务信函的语言特征，为商务信函的写作提供理论和技巧支持十分有必要。

一、商务英语信函概述

商务信函是指在日常的商务往来中用以传递信息、处理商务事宜以及联络和沟通关系的信函文书。商务信函种类繁多，主要有询问函、答复函、商洽函、请求函、告知函和联系函等。商务信函与其他的信件不同，它特点分明，不论是词汇还是语句都具有很强的选择性。商务英语信函的组成结构主要包括：信头（Headline）、日期（Date）、封内地址（Insideadress）、称呼（Salutation of gretting）、信的正文（Body of the letter）、结束礼词（Complementary close）和签名（Signature）。英语商务信函不仅是贸易双方沟通的手段，也代表着企业的形象，关系到贸易双方之间的经济利益，因此从事国际贸易活动的人员必须了解商务信函的语言特点，在国际商务英语信函的相关专业知识的帮助下，把握其语言的特殊性，从而准确使用商务信函。[1]

二、商务英语信函的词汇特征

（一）准确正式

商务英语信函在国际的贸易活动中是一种正式的公函语体，因牵扯到买卖双方的权利和义务问题。因此贸易双方在进行洽谈时必然是正规严肃的，这造成了商务信函用词必然具备规范正式以及准确的特点。在商务英语信函中，错误的表达轻则

---

[1] 夏璐.高校外语教育与研究文库 商务英语教学设计［M］.武汉：华中科技大学出版社，2016.

给贸易方留下不好的企业印象,重则造成经济纠纷。因此在商务信函中,用词必须准确。当信函中内容涉及时间、地点、价格、重量、尺码以及各种单证的填写时,一定要确保其准确规范性。除此之外,正式规范的用语是给对方尊重的重要体现,显示国际贸易间非歧视性与公平公正的原则,使对方能够感受到敬意,从而促进贸易的成功。因此在商务英语信函中,常常使用意义相同或相近的书面词来代替口语词汇从而使得信函语言更加正式规范。如常以 inform 和 advise 代替 tell,以 require 代替 ask 等。

(二)专业化强

商务英语信函用词有专业化强的特征,主要表现在大规模使用缩略词和专业术语两方面。商务缩略词源于国际行业惯例和约定,是在国际贸易活动过程中逐渐产生的。商务缩略词简洁、精练,有助于国际贸易往来中双方提高工作效率。缩略词主要分为首字母缩略和截短词两种,用以代表既定的专业词汇,比如说,首字母缩略有:FOB(Free on Board)(离岸价格)、CIF(Cost Insurance and Freight);截短词:CTN(carton)(纸箱)等。除此之外,商务英语信函中大量使用专业词汇。因国际贸易涉及金融、法律、技术等多个行业,不同行业商品都有自己专门的词汇短语,所以商务英语信函大量使用行业专业词汇。例如,perform invoice(形式发票)、irrevocable letter of credit(不可撤销信用证)等。此外,商务英语信函中也会使用普通词汇,但是赋予它们新的特殊的含义,使其成为商务往来中的专业化词语。如offer 在普通英语中解释为"提供、给予",但在商务活动中则为"发盘、报价",是商务英语信函中的固定用法。不论是缩略词还是专业术语都是在商务发展过程中逐渐被国际认可,约定俗成的词汇,翻译者必须要严格遵守这些词固定的含义,切忌胡编乱造,以避免造成难以挽回的损失。

三、商务英语信函的内容特征

商务信函的内容具有完整性和具体性的特征。一封完整的传达信息的商业信函必须包含所传达事件的方方面面。而对于商务回复函,则应该对对方的问题一一作答并且保证表述清晰完整。信函的完整性有利于企业树立良好的形象从而获得贸易伙伴的信任,节约贸易往来时间提高效率,同时免除因漏缺重要信息而造成的经济纠纷。除此之外,一封好的商务信函内容必须具体,信息要详细完整,丰富生动。比如说,在什么地方,什么时间,因为何事,出于何种原因,有什么样的要求等,这些信息要做到具体翔实,避免出现类似于 soon、at a nearly date 等笼统不清的说法。因为对于这种时间地点,如果没有具体到某个点,缺少一些必要信息,就会使对方不能明白要领,甚至造成误解、歧义。例如,在订货函中,必须包含:需要什么商品(What you want)、何时需要(When you need the goods)、货物发到何地何人收(to Whom and Where the goods to be sent)、使用何种付款方式(How payment will be made)只有这样才能使对方清楚明白地获得有效信息,以便于贸易活动的正常开展,那么此信函才是完整有效的。

四、商务英语信函的句式特征

(一)礼貌委婉

在国际商务贸易往来中需注意诸多礼仪,如贸易双方必须遵循国际贸易往来惯例,尊重彼此的风俗习惯等,所以商务英语信函必须遵守礼貌委婉的原则,这有利于贸易双方建立、保持良好关系。而礼貌原则在商务信函语言上的体现主要表现为,多使用被动句式、适当的情态动词、条件句以及肯定句以确保礼貌委婉,避免使用命令语气。被动句的使用使得语言更具有客观性,少了主观强烈的感情色彩,使要求更易为对方所接受。除此之外,适当地使用一些情态动词的过去式如 could、might 来代替 can 和 may,使语气更委婉。还有,在向对方提出要求或建议时,多使用条件句和肯定句来表达自己的观点。此外要直接使用肯定句而不要间接地使用双重否定句等句式来体现肯定的含义。

(二)简单直接

英语商务信函的另一大句式特征是简洁直接,简洁是指用最少的语言表示最丰富完整的内容,而直接则是针对商务事件本身,即开门见山,直奔主题。世界各地英语水平参差不齐,为更好交流,国际商务英语信函应当简单易懂。同时商务交往中最重要的原则之一是高效性,因此除却必要的专业术语外,尽量使用简洁易懂的词汇句子,提高贸易双方效率,简洁直接的句式不会影响信函的礼貌性,反而使其更加简明有力。英语商务信函应该使用简单词汇来代替复杂短语,用短语或省略句代替长句。除此之外,商务英语信函对于陈述事件本身时一般喜欢用陈述句或是祈使句,开门见山,直奔主题,使收函人能够快速地知晓发函者的意图,并快速做出相应的答复。

(三)套句和固定用语

在国际贸易发展过程中,贸易双方在长期的商业交往中形成了很多约定俗成的套句和固定习语。这些套句和固定习语是一些固定的或公式化的惯用语。在商务英语信函的写作过程中，这些套句和固定习语可以直接使用，对于写商务信函的人而言，节省了写作时间，方便快捷。而对于收商务信函的人而言，简洁易懂。在商务英语信函翻译过程中，这些套句和固定习语也可直接翻译套用，提高了工作效率。在商务英语信函的称呼开头和结尾都有固定表达，这些套句及固定用语对于商务英语信函的写作和翻译非常方便，既简洁明了，通俗易懂，又能准确无误地表达所要传递的内容，十分实用。

目前，我国对外商务交往的活跃性是在逐渐提升的，顺应经济全球化，实行走出去的基本战略已然成了不可逆转的趋势，因此在日渐频繁的国际商务活动中，撰写商务英语信函是一种非常常见的商务活动。而商务英语信函是进行商务往来活动的重要凭据，与贸易双方的权利、义务、利害关系、企业形象等一系列要素息息相关，在国际之间的商务往来中发挥着非常重要的作用。虽然尚未有一个商业组织明文规定要将英文作为商务信函的标准语种，但就目前而言，90% 的商务信函都用英文撰写。为了顺应时代的浪潮，我们应该重视英语商务信函的语言特点，以便在国际开展商务活动时能够游刃有余地应对，否则就很有可能闹出笑话，重则可能导致商业伙伴合作的破裂，使企业蒙受巨大的损失。

第二节　商务英语信函中的合作与礼貌原则

合作原则和礼貌原则是语用学研究中的重要内容。然而，多数语用学家只是将这两个原则应用于话语的分析，将其应用于书面语的研究并不多见。我们认为书面话语，比如说，商业信函，也可以被认为是一种会话形式，同样需要上述两个原则的指导。本文旨在探索这两种语用原则在商业信函中的应用或指导作用。

一、合作原则和礼貌原则

（一）合作原则

合作原则由美国哲学家格赖斯于 1967 年提出。他提此原则的原因是他意识到这样一个事实：一个说话者远比他的词语所表达的意思要多，可以通过他所传达信息的目的得到证据而不是对词语的语言编码。在寻找证据是如何由说话者提供时，格赖斯发现人际交流是由一些准则和原则支配的。为了解释说话者是如何表达他的思想和听者是如何能理解说话者的寓意，格赖斯提出了会话的概念。他指出，如果我们的话语是合理的，那么它们彼此之间应存在着联系。所谓的合作原则正是能保证这种联系：在你所进行的对话交流的被接受的目的或方向产生的时候按要求来进行你的会话表达。合作原则包含四个准则，其内容如下：

数量准则——使所说的话正好满足当前交谈所需要的信息。所说的话不要包括多余的信息。

质量准则——所说的话要力求真实。不要说自知是虚假的话。不要说缺乏足够证据的话。

关系准则——要有关联。

方式准则——要清晰，避免晦涩，避免歧义。要简练，要有序。

上述准则并不是总是被说话者所遵守。事实上，人们有时会违背某些准则，而对这些准则的违背往往会产生一些会话含义。此时，说话者并不是真的放弃合作原则。

（二）礼貌原则

以格赖斯的合作原则为基础，利奇提出了礼貌原则和其准则作为格赖斯合作原则的延伸。利奇提出合作原则不是人际交流的唯一原则，合作原则调节我们所说的，而礼貌原则协助维持谈话者之间的友好关系。礼貌原则通过解释人们为什么故意违背会话准则补救了合作原则。利奇的礼貌原则包括如下准则：得体准则、宽宏准则、赞誉准则、谦虚准则、一致准则、同情准则。

二、两大原则在商业信函中的指导作用

商业信函是指用于商业交易的信函。商业信函是一种特殊的交流。像面对面的谈话，参与者轮流做收信人和写信人，在写信人和收信人之间存在着诚信和合作。既然做生意是合作，合作必定会出现在商业信函的书写方面。同时，为实现双方的顺畅沟通，商业信函还有如下几点要求：考虑周全、谦恭有礼、表达清晰、准确、具体、正确、完整。

（一）合作原则的指导作用

商务信函写作中合作原则的指导作用主要体现在该原则四个准则（数量准则、质量准则、关联准则和方式准则）的应用上，下面分别讨论：

1. 数量准则和完整性原则

数量的种类与所提供的信息的质量有关，它又由以下原则构成：

（1）按照要求使信函包括足够的信息。

（2）不要使蕴含的信息量超过要求。商务信函中，完整性是质量准则中最重要的一个要求，不仅在形式而且在内容上。每个信函应该包括必要的部分和相关的信

息。例如,当信函提供接受报价时,信函应该包括所有接受的条件和相关的信息或者确切地说明在什么基础上接受报价,因为事实上,这种信函是一个签署合同。一旦对方接到这样的信函,双方都要遵守报价。

2.质量准则和正确性

格赖斯的质量准则是确保内容的真实性,具体地说就是,避免一些自认为是错误的信息和自己没有足够证据来证明的信息。

质量准则要求商务信函应该是没有错误的,正确性是商务信函写作的灵魂。像国际贸易中公文证明和合同一样,商务信函是对双方的权利和义务。他们都需要向接受信函的对方传达正确的信息,事实和细节都要正确,而错误的信息会毁掉整个信函,还不如没有的好,所以必须考虑因为日期、时间、位置、对象、描述、颜色、形状、大小、数据和其他相关的信息而导致的错误可能引起的后果。商务是与数字息息相关的。所以要特别注意信息的正确性,例如,10000美元和100000美元,这两个数字差90000美元。这样的错误不仅会让收信人生气,而且让收信人对发信人的公司失去信任。因此不正确的信息会损失时间、金钱和信誉,而这些都是任何的公司需要具备的。它是一个很重要的要求。

3.关联准则

把关联理论发展成关联准则这一原则适用于一切,无一例外。每一个基本的交流都要相关联才可以,在任何一个中交流,关联自动起作用,在日常的商务信函中,人们习惯于用直接的方法,所以关联度更高。以上的三个准则都主要和交流的内容相关,商务活动是相当复杂的,所以有许多种商务信函。不同的信函有不同的目标和要求,但是每个信函都应该与目的相关。

4.商务信函中的方式准则与清晰和简洁原则

格赖斯提出,方式准则应包括如下四点:

(1)避免含混不清的表达。

(2)避免歧义。

(3)简明扼要,杜绝啰唆。

(4)注重秩序性。

根据上述几条准则,在商务信函写作中应该避免歧义的字词和结构,歧义的词就是在同样的语境中不止一个意思。此外,简洁和精练可以节省收信人的时间和精力。今天的人都奔波于许多的信息量之中,大家都喜欢简洁的信函。人们都想让你尽快地告诉他们主要内容,这就要求你尽可能用最少的字词,但这并不意味着你的信函要短小。一个小说可以很简洁，而其中一个句子可能会很啰唆。简洁是用最可能少的单词表达你的内容。[1]

下面是一个例子：

不简洁：我们希望可以早点从路易斯先生那里收到关于工程结束的消息。（28字）

简洁：盼早日从贵公司得到工程结束的消息。（16字）

所以，清晰准确的写作对成功的商业交易是非常重要的。换句话说，使用关系准则和方式准则可以在日常商业信函中达到直接目的。

（二）礼貌原则的指导作用

1. 在表达好消息的商业信函中使用礼貌原则

（1）使用具体词而不是抽象词

从读者的角度来看，表达得越直接就越礼貌。

（2）使用主动词

主动词比被动词更具有强调性。人们倾向于喜欢那些有表达行为的主动词的句子而不是含有被动词的句子。

（3）使用肯定句

因为肯定句强调积极愉快的方面，表达得也更友好礼貌。所以肯定句能从收信人那得到积极的回应。

（4）使用短句子来突出观点

要是信息有益于收信人，信息应该以直接有力的方式展现出来，使用独立分句和简单句是最好的方法。用这种方法，既直接又礼貌。

2. 在表达坏消息的商业信函中使用礼貌原则

（1）使用肯定语气

人们不喜欢别人说 NO 因为 NO 这个词经常使人产生不愉快的心情。但是在拒绝信中商业信一定要说 NO。那我们怎样在不产生不愉快时表达意思呢？事实上，能用否定词表达否定意思也可以以肯定的方式表达否定意思。

（2）使用被动语气

人们通常在表达坏消息或间接责备别人时会使用被动语气。因为被动语气强调情景或事件而不是涉及的人，这样对收信人的伤害会更小些。

（3）使用虚拟语气

希望、建议、推测和一些与事实相反的句子都用虚拟语气来表达。一般会使用条

---

[1] 陈桂琴. 大学英语跨文化教学中的问题与对策［M］. 哈尔滨：哈尔滨工业大学出版社，2017.

件式的表达方式，比如，我希望、似乎、可能、愿意等。换句话说，虚拟语气可以用肯定的表达方式表达否定的内容。而且，当说明理由之后，否定的内容更容易被读者接受。例如，如果商品能够按照我们的说明去使用，我们愿意赔偿你们的损失。在这个句子里，隐含的意思是我们是不会做出赔偿的。虚拟语气创造出一种肯定的氛围，并包含一个否定的信息。

本节探讨了合作原则和礼貌原则在商业信函中的应用。首先我们以商业信函的特征为基础讨论了这两个原则在商业信函中的应用，指出二者在商业信函的写作中起着重要的指导作用。同时，出于礼貌的要求，合作原则也可以被违背，尤其是在表达消极信息时尤为如此。

第三节　商务英语信函的文体特征与翻译技巧

在国际贸易竞争日益激烈的今天，为了通过发送商务信函达到有效交流，传达友好情感，增加商务合作机会的目的，商务信函必须在风格和语言上发生变化。现代商务信函的主要文体特征可以概括为以下五点：内容的清晰性、表达的简洁性、词语的专业性、风格的正式性、措辞的礼貌性。因此我们要将商务信函本身的特点和英语的语言特点结合起来，分析和总结其翻译思路和技巧。

一、内容的清晰性

发送商务信函的目的在于建立商务往来关系，就某一细节进行商讨，努力达成共识，以便促进一项商务活动的开展。要达到这些目的，首先必须保证阅读者能够清楚了解写信人的意图，迂回或闪烁其词的话语会让读信人产生不信任感，甚至会怀疑对方的语言表达能力，对进一步开展商务活动很不利。模棱两可的话轻则阻碍读信人对信函意思的理解，重则会对发函方造成损失。

翻译要保留原文的清晰度相当重要。由于在较为正式的场合中，为了将一概念定义完整和清楚，英文常常用关联词将几个短句连在一起形成一个长句，而中文无法照样只用一句话来翻译，即使这样译了也很难达到通顺和自然。这时，我们就采取将长句按特定的事情发展的顺序拆分成两个或两个以上的小句子的方式来翻译。必要时还要增加或省略一些词语，让整段文字结构更合理、内容更清楚。

是不是一封书信只要包含了全部关键信息就可以成为一封好的书信了呢？拟信人还应注意语言组织的条理性，或按事情发展的先后顺序，或按各要素的重要性排序编写。东扯一句,西扯一句的写法必定会影响文章的清晰度。

二、表达的简洁性

简洁就是用最精练的语言来表达意思,在商务信函中言简意赅就是为了方便高效率沟通与工作。能用一个字表达的不用一个词组,能一个词组讲清的事就不用讲成一句话。商务信函不用因顾及礼貌而开头就说"I hope you are well."(近日可好?),天气也从不在此中提及。我们用"now"不用"at the same time";用"though"而不用"inspite of the fact that"等。形容词虽然可以表达友好、满意、歉意等感情,但只是在十分必要的情况下才出现。中国人在写英文信函时经常会出现一些不必要的重复,比如,"true facts""next time in the future"这样的词语读者能懂,但是会对这种不地道的说法嗤之以鼻。

中文就简洁这一点在很多情况下具有优势,商务信函中最能体现这一优势的是一些客套而必要的敬语。像"regards""wishes"这一类词,都不用按照原意翻译,祝好的英文句子大多用中文的俗语代替。

三、词语的专业性

商务信函是在商务活动这一特定的领域所使用的应用文形式。拟写和阅读此种信函的人都是从事商务工作的个体。在以职业划分的团体环境中,通常存在为方便业内人士交流但外行不懂的语言。这种语言包括专门为定义一个专业概念而发明的词汇,普通词汇在某一特定领域的特定意思,以及由一组词汇的每个单词的开头字母组成的缩写单词。我们称上述这些语言为行话(jargon)。要将商务英语信函翻译得既专业又得当,要求翻译工作者掌握足够的商务知识。涉及经济学、金融学、国际贸易等领域的概念的意思和英文缩写这两种。不懂金融学的人会把"bank balance"和"insurance policy"分别翻译成"银行平衡"和"保险政策",而正确的译文是"银行余额"及"保险单";没有接触过国际贸易的人也不会知道"CIF"(成本加保险加运费价)、"D/P"(付款交单)、"T/T"(电汇)。因此,懂得商务英语的行话是翻译相关信函的基本要求。根据字面意思翻译出来的文字根本无法传达商务信息。

四、风格的正式性

提笔写译文之前,翻译者必须通读文章,了解原文的背景、基调、作者的态度和行文风格,以便合理自然地组织语言,表达目标信息。商务信函以商务活动为背景,书信内容自然是采取较为正式的风格表达。

这种正式性首先表现在措辞专业考究，感情色彩适中。在很多情况下，商务信函偏向于用名词表达某一动作的执行，一种状态的持续，或者用名词代替形容词来表达某种感情和态度；其次，一件事情的完成大多用被动句来表述；最后，用完整的长句说明事项。

五、措辞的礼貌性

在商务信函中，礼貌是行文必须遵守的原则。信头注明的收信人如果是对方公司的高层人物，必须在其名字后或下一行写出其职位或官衔。正文起头的称号也较为讲究。在公司内容传递的信函中，上级可以直呼下级的名字，表现出职位差别，也可以表达亲切之意。同事之间的交流也可以直呼其名，显出合作亲密。而进行贸易往来的不同公司之间则要严格按照"先生、女士、总经理、董事长阁下"等称呼。在称呼前最常用的形容词是"dear"，直译为"亲爱的"。但是鉴于商务活动和双方关系的正式性，我们将它译为"尊敬的"更恰当。"谢谢""请您""不胜感激"几乎在每封商务信函中都出现，这是为了引起读信人的好感和认同，以促成对方按照自己的意图完成相关的事项，或者对对方已经完成的某项工作表示肯定。

懂得一门语言，不等于懂得在某特定的环境和场合中恰当地使用这门语言。作为中国的涉外商务人员，能流利地用英语表达意思只是维持正常工作的基本要求之一，要写得一手地道的、专业的商务英语信函是利用函电从事商务活动的前提。要写出高质量的商务英文信函必须将本文提出的五个特征有效合理地结合起来，灵活运用专业知识，恰当地组织语言。

第 七 章　商务合同跨文化教学

第一节　商务合同的翻译准则及策略初探

加入 WTO 以后，中国商务活动在贸易和商务等领域广泛地开展起来，英语国际商务合同成为监督和保护各经济实体的有效工具。商务合同作为一种具有法律效力的公文文体更加需要被重视起来，而因为文化差异、专业术语多、句子结构复杂等原因使商务合同的翻译存在一定的问题。因此英语国际商务合同的翻译必须依据一定的标准，依照有效的方法进行合理的翻译。商务合同是指平等的民事主体之间关于建立、变更和终止民事权利和义务，形成具有法律效力且受法律保护的协议。英语国际商务合同属于公文文体中的法律文书范畴，都是书面语，其特点是严肃、正规，行文一般以明确为第一旨，力戒含混隐晦。[1]

一、翻译准则

奈达的"功能对等"原则强调的是"内容和文体达到最切近的自然对等"，它在合同翻译中有较大的直接指导意义。笔者认为，为达到国际商务英语合同翻译时的功能对等，应坚持以下两个准则：

1. 准确严谨

由于国际商务合同的专业性和兼容性越来越强，因此合同的内容也就日趋精确和完备。这就要求译者在翻译时把"准确严谨"作为首要标准，尤其是合同中的法律术语和关键词语的翻译更应予以特别重视，仅仅忠实原文远远不够，而应严格贴近合同所涉及的专业性内容。以"offer"一词为例，将它翻译为"提供、提议"是正确的，但在国际商务合同中，offer 一般只能译为"要约、报盘"。此外，为了避免产生歧义，有些词语的翻译必须保持同一种译法，尤其是合同中的专业术语和关键词语都有着严格的法律含义，翻译时一定要透彻理解原文的内容要求，准确完整地传达合同文件的精神实质。

---

[1]　郭坤.全球化背景下大学英语跨文化教学研究［M］.成都：电子科技大学出版社，2017.

2. 规范通顺

所谓"规范通顺",就是把理解了的东西,用规范通顺的、合乎合同语言要求的文字(中文)表达出来。因此,要使合同语言"规范通顺",译者就要特别注意合同的词语运用规范,符合合同文体中约定俗成的含义。此外,国际商务合同的译文不仅要符合合同语言的要求和规律,还应做到通顺,着重体现在条理清晰上。国际商务合同的条款往往比较繁复,翻译时应首先弄清全文的条例,对各条款间的制约关系和逻辑关系须仔细琢磨,注意译文语言的语句结构,不拘泥于原文的词句结构和句法框框的限制。

二、翻译策略

1. 同义词连用

商务英语许多词语具有一词多义的特点,极有可能导致合同双方按自己的意图来理解而发生歧义。为避免此种情况的出现,可采用同义词连用,取两个或两个以上同义词的共义,以保证内容准确。

2. 选用正式的词

在商务合同中,经常使用一些很正式、冷僻的词以显示法律公文的规范性和约束力。如用 expiry 而非 end,用 certify 而非 prove 等。商务合同属法律性文书,其正规性还表现在大量使用一些法律术语或具有法律特点的词语。翻译这类法律文书文体时,也要译成汉语的法律公文体,做到文体的功能对等。

3. 使用合同惯用术语

由于经贸契约文体较为保守,用词十分严谨和周到,大量使用词义范围和含义明确的合同惯用术语,而极力避免使用弹性较大的常用的"小词"或口语词。读起来十分令人费解,不具备商务知识或法律知识的人很难理解充满合同套语的条款。

4. 枝状结构

商务合同为了避免歧义,十分注意句法结构。商务合同多用完整句和复合句,而很少使用简单句、疑问句和省略句,常出现从句套从句的"枝状结构"。翻译时,首先必须理顺各语句成分的层次及其关系,准确把握句意的脉络。

5. 使用意思严谨的词或词组

经贸契约条款的又一个明显的用词特点便是使用大量的意思严谨的词或词组,把可能设想得到的任何可能发生的误解或争议都加以考虑,在此基础上借助一些十分严谨的词或词组力图使意思周到和严谨,尽量避免产生误解和争议。

综上所述,英文经贸契约最为明显的用词特征是使用一些在一般文体中早已不用的 here-，there- 和 where- 构成复合词；经常使用大量源自法语或拉丁语的长词或"大词"，而较少使用一些弹性大的"小词"；频繁使用词义严谨的合同惯用术语；连续使用介词或介词短语和较少使用代词等。在过去的一二百年中，英语用词发生了较大的变化，变得越来越简洁易懂，但英语经贸契约用词方面的变化却很缓慢。可以预计英语经贸契约以上用词特征还将长期存在。

当今，随着经济全球化的不断发展，国际的交流合作愈加频繁。作为国际商务交流的必要组成部分，国际商务合同作用重大，而如何准确地翻译合同则是成功进行商务合作与谈判的前提。在合同翻译过程中，译者应充分考虑到中英文商务合同文体特征的异同点，遵循相应的翻译准则，运用恰当的翻译技巧，使译文更加准确严谨、规范通顺，并符合合同问题尺牍规约和交际规约。

第二节　商务英语合同的文体特征及翻译标准探析

一、商务英语合同的文体特征

（一）商务英语合同的词汇特征

依法成立的商务合同是具有法律约束力的法律性文件，其语言属于法律范畴，所以在商务合同中通常使用大量的法律词语、合同术语，正式地、准确地表明意思，避免由于词语意思模糊而引起争议。译者应该熟悉国际贸易专业知识和法律知识，掌握相关术语，做到词汇翻译表述准确，切忌望文生义。比如，draft 不是"草稿"的意思，而是"汇票"之意；coverage 表示的不是日常理解的"覆盖"，而是"险种"的意思。

商务英语合同另一个主要词汇特征就是古体词和外来词的频繁使用，充分体现出其庄重严肃的文体风格。最常使用的古体词多为复合副词，即由 here、there 和 where 分别加上 by、after、of 等一个或几个介词共同构成的复合副词。例如，hereby 特此、thereafter 此后、whereof 关于此事等。外来语有的源于拉丁语或法语，有的由其词根派生或合成，它们的意义稳定，有利于精确地表达概念。

商务英语合同的词汇特征还有很多，名词的重复率高，代词极少使用，限于篇幅，我们主要探讨了最常见的几种。还有缩略语，情态动词的使用，如 L/C 表示 Letter Credit 信用证，shall 表示"应、须"常用来表示法律上强制执行的任务，与 maynot 表示"取消许可"形成对比。

（二）商务英语合同的句法特征

商务英语合同要明确说明当事人所享有的权利和必须承担的义务，因此所使用的句型具有局限性、明确性和很强的客观性，多采用陈述句、复合句或并列的扩展式长句，被动句和名词性结构，多用现在时态和直接表达式。

商务英语合同中常采用名词化结构来表示不同的句子关系：（1）用 of 连接主谓关系或动宾关系；（2）用 of 连接含有 by 的短语，将从句转换成名词短语；（3）将被动语态转换成名词；（4）将副词与动词一起转换成名词词组。

在商务合同的行文时，除了规定双方应该具有的权利和履行的义务，还要考虑到各种可能发生的情况和处理办法，因此合同条款中有较多的条件句而且形式多样，避免因为语言的不完整导致任何一方遭受经济损失。

（三）商务英语合同的语篇特征

1. 商务英语合同的语篇结构

商务合同具有篇章结构程式化和话语表述结构条目化的特点。从篇章结构上讲，每一份合同都像一部法律，是一个完整的体系而不是对条款简单的罗列。每份合同都分为前言、正文和结尾三个部分。这几个部分所包含的要件一般都比较固定，程式化。同时，合同的各个要件是以条款的方式按照从一般到特殊的逻辑顺序排列，每个特定项目都处在一个结构严密、完整的框架之中，显示出它们之间的内部关系和相对重要性。

2. 商务英语合同的用语特征

商务合同英语属于庄重英语，是正式程度最高的一种，采用的是规范的书面语，因而具有书面语言的主要特征。很少使用替代或省略的手法，名词短语与名词化现象多，整个语篇从意义到语气上均保持连贯一致，很少使用代词，多用古体词 here/there+ 介词的形式实现指本照应的效果，用 and 或 or 连接一对同义词或近义词，表示一个完整的概念。在商务英语合同中，连接成分的逻辑性很强，通过使用连词、副词和介词短语等层次分明地表达了合同中的各种时间（first, then）、因果（for this case, in the above case）以及转折和对比（infact, in any case）关系，语篇连贯，条理清晰。

3. 商务英语合同的语篇风格

商务英语合同具有独特的语言特征，这些语言特征的总和就形成了其独特的语篇风格——衔接紧凑、结构严谨、文体正式。商务英语合同追求的目标是逻辑的精确性与严谨性、表述的专业性与规范性以及思维的清晰性与条理性，整个合同的语篇严谨缜密,体现的是客观和实事求是的特点。

二、商务英语合同的翻译标准

根据英语商务合同的文体特征,翻译时必须注意以下两点:

1. 准确严谨

商务合同是经过认真推敲的,所表达的意义往往十分准确,措辞和句法结构大都很严谨。英文商务合同的翻译也应将"准确严谨"作为首要标准提出,译文要准确无误地表达原文的内容。

词语是合同构成的基本单位,译者应根据专业特点和搭配关系等方面判断确定具体的词义。有些词汇在合同文本中与生活中常用意思有所不同,有时同一个单词在不同的合同文本中所表达的意思也有差别。

另外,商务合同翻译涉及各方的经济利益,译者在翻译时对合同条款细节尤其是名称、符号、数据等应逐一看清弄明,以免误译。

同一概念的译词或词组在同一份合同中应前后统一,在不同的上下文中绝不任意更动,除非合同中另有解释,或另有措辞。比如,profit 这个词可能做"收益"解,也可能是"利润""利润率"或"红利"等词义。若从一开始按原意译成"利润",就应保持一致性,将合同中的这个词一律译为"利润",不能时而译成"利润",时而又译成"收益"等,弄混了商务合同双方的概念。

2. 规范得体

英语商务合同属于庄重性文体,不允许文字上的随意性,翻译时要规范得体,用合乎合同语言要求的中文表达出来。

随着中国与其他国家的经贸活动日益频繁,英语商务合同翻译已成为翻译的一个重要方面。作为一名翻译工作者,必须了解商务合同的特点,掌握商务合同翻译的一些要点,用准确严谨而又规范得体的译语再现英语商务合同的信息与特征。

第八章 商务英语新闻跨文化教学

第一节 商务英语新闻文体的特点和翻译

商务新闻是新闻的一部分,但有它自身的特点。商务新闻以其及时提供事实和信息为主要目的,它是将有关商务方面的一切新事物、新现象、新思想、新潮流和新信息通过各种新闻媒体传播给广大受众。这类文体以其准确、客观的新闻用语为人们提供最新的商务新闻和商务信息,让商务人士通过它及时了解商业动态。总体来说,商务英语新闻使用的通常是正式的叙述性或议论性话语,语气比较肯定,用词比较正规,语法和句式比较规范,它不仅突出内容的实时性、结构的简洁性和信息的时效性,在词汇和句法上也有自己的特色。本节拟从商务英语新闻文体在词汇和句法方面的特点进行分析和探讨,并提出翻译时应注意的问题。

一、商务英语新闻的词汇特点和翻译

商务英语不像文学作品那样,有华丽的辞藻和丰富的修饰语,它讲究的是逻辑的精确性和严密性、表述的专业性和规范性以及思维的清晰和条理性。而商务英语新闻词汇在商务背景下呈现出其独特的特点。

1. 专业术语的使用

术语(term)是指某一学科、某一领域或某一行业所使用的专业词汇,属于正式用语。商务英语被广泛地运用在国际贸易、经济、金融、营销、保险等多个领域,而每个领域都有自己的专业术语,这些术语在汉语译文中一般能找到相应的术语。

2. 缩略词的使用

在竞争激烈的商务活动中,讲究的是高效率、快节奏,商务英语新闻同样也追求简洁、准确、高效,因此就产生了自己独特简约的语言风格,形成了大量的缩略词,广泛地使用在商务活动、经济、政治组织和条约等各方面。

缩略词不仅意思明确,更能节省商务英语新闻的篇幅,提高效率。它们一般在第一次出现的时候会以全称的形式,在后面的篇幅中就以缩写形式出现,在翻译这类

词的时候,只要第一次采用直译附英文缩写,之后就用英文缩写来指代。

3.临时生造词和旧词新义的涌现

为了跟上商务发展的快速步伐,同时也为了表达的需要和追求新奇,商务英语新闻常常使用"临时造词/生造词",即临时创造或拼凑起来的词或词组,例如,Euromart(European commonmarket 欧洲共同市场),同时旧词新义的现象也大大增加。

例如,Infortainment 是由 information 和 entertainment 两个单词组合并拼作而成,意为"新闻娱乐化"。"新闻娱乐化"是对新闻功能的异化。在当今"新闻娱乐化"的潮流中,新闻的首要功能已经从"重要性"变成了娱乐,成为休闲生活的一部分。

又如,Glocalization 是由 globalization 与 localization 两词合并而成。

可以译为"全球化下的本土化",也有人将其译成"球土化"。

4.具有修辞色彩词语的使用

一般来说,商务英语新闻文章的语言是平实严谨的。但是在很多情况下,这类文章也常常会运用修辞手段来增加文章的趣味性,以吸引读者。

修辞手法在商务英语新闻中的运用,不仅提高了语言的表达能力,同时也大大增强了语言的表达效果,更能迎合读者的阅读兴趣。但是要注意在翻译的过程中,必须将修辞手法在目的语中再现出来,才能达到语言的对等。

英语中斜体字被翻译成汉语时,要保留原有的意思,才能体现出修辞的效果。

二、商务英语新闻的句法特点和翻译

商务英语新闻文章的主要功能是传递信息,为了在最短的时间内向读者传递最新的信息,新闻必须以最短的篇幅包含大量的信息。同时,商务英语新闻具有很强的实时性,反映的是瞬息万变的世界,受时间限制,它无法像其他文体一样斟字酌句。这些造成了商务英语新闻在句法上多使用现在时态、主动语态、简单句及直接引语或间接引语。

1.现在时态的使用

商务新闻文章多为新闻报道,这些文章一般强调所提供信息的实效性和客观性,为了给读者以真实感,反映出事件正在进行中的效果,商务英语新闻广泛地使用一般现在时和现在进行时,从而增加文章的可信度和说服力。另外,甚至在 said、told、reported、added 等动词过去时后面的 that 宾语从句中,过去时也常常为现在时态所替代。

2.主动语态的使用

商务英语新闻文章中,通常使用主动语态,被动语态的使用只占少数。使用主动语态能给读者一种亲临现场的感觉,能使文章的描述更具有感染力,表达更为直接。

3. 简单句的使用

由于报纸篇幅有限,商务英语新闻文章的句式比较简单,多使用简明扼要的简单句,即使使用复合句,也不是复杂的复合句。使用简单句时的一个重要特点是句型的高度扩展,结构严谨,将丰富的信息压缩在有限的篇幅中。常见的方法有使用同位语、介词短语、分词短语等语言成分扩展简单句,有时还较多地使用插入语代替从句,从而简化句子结构。

大众性、实时性和简洁性构成了商务英语新闻文体在语言风格上的特色。商务英语新闻的语言简洁易懂,用非常经济的语言表达丰富的内容,因此我们在翻译过程中应遵循这一原则,用尽可能精练的语言来使内容表达完整与准确。此外,商务英语新闻要求语言清晰,不能模棱两可,更不应晦涩难懂,而且商务英语新闻文体讲究表达清晰准确、叙述生动,因而我们翻译时必须在用词上多加推敲,表现出新闻文体的特点。

第二节 商务英语新闻翻译的文体原则

一、商务英语新闻文体

商务英语(Business English)是指以服务于商务活动内容为目标,集实用性、专业性和明确目的性于一身,为广大从事国际商务活动的人所认同和接受,并具备较强社会功能的一种英语变体。它属于应用语言学项下专门用途英语(English for Specific Purposes)的一个重要分支,具有普通英语的语言学特征,又是商务知识、管理技能和英语语言的结合,因而其本身又具有独特性。商务英语新闻文体以其准确、客观的新闻用语为人们提供最新的商务新闻和商务信息,让商务人士通过它及时了解商业动态。这一类文体的词汇和句法在特定的商务语境下有其独特的地方,因此我们在翻译时要注意这个特点,以免造成误译。本节将以 the Economist 和 the New York times 杂志里的商务新闻为例,探讨翻译商务英语新闻文体时要遵循的几个原则,以达到译文的准确得体。

二、商务英语新闻翻译的文体原则

(一)术语和专有名称的使用

商务英语被广泛地使用在国际贸易、经济、金融、营销、保险等多个领域,而每个领域都有自己的专业术语和专有名称,翻译这些词语时要注意忠实原文。

（二）旧词新义和新造词的处理

旧词新义和生造词在商务英语新闻中非常普遍，日常生活中的某些词在特定的商务语境中表达了完全不同的意思。

为了适应商务活动和交流的需要，商务英语新闻也有临时创造或拼凑起来的词或词组，简称"新造词"。不同于早期的技术媒体革命是从西方移到东方，由于网站和免费的技术工具，播客革命将一次性在各地爆发。这就是为什么在下一阶段的全球化将不会是更美国化，而是更"全球本土化"，产生了越来越多的全球造的本土产品。[1]

（三）语境得体原则

语境，有两层意思，一是指某个词语、句子乃至段落所在的"上下文"，即原文中的全部文字；二是指与它们及整篇文章或著作相关的背景知识，包括文化、学科、行业等方面的知识。商务英语新闻以其独特的文体向读者传递最新最快的信息，译者必须参照语境来翻译词语和句子，也就是说在翻译时要用什么样的对等词语和句子来表达出原文的意思，使译文能够准确地传递信息，符合译文读者的阅读习惯。

（四）句法客观性的原则

为了显示撰稿人立场的"客观性"，并使新闻报道增添真实性和生动性，新闻报道的撰稿人经常直接或间接引用当事人所说的话。商务英语新闻具有很强的实时性，反映的是瞬息万变的世界，新闻报道必须具有真实性，这就要求新闻撰稿人如实客观地报道各项信息和各个事件，因此在新闻报道里使用直接引语和间接引语才能体现新闻报道的"客观性"。

大量使用直接引语和间接引语是商务英语新闻的一个重要句法特征，翻译时要注意保持原文直接引语和间接引语的句式。

商务英语新闻的句法客观性，还体现在商务英语新闻文章中通常使用主动语态。使用主动语态能给读者一种亲临现场的感觉，能使文章的描述更具有感染力，表达更为直接，被动语态的使用只占少数。

商务英语新闻具有提供信息的功能，内容涉及商务的各个领域，为了及时、准确、客观地将信息传递给读者，翻译时要注意商务英语新闻文体的术语和专有名称的使用、旧词新义和新造词的处理、句法客观性以及语境得体等原则，掌握语言的特点，了解商务领域方面的知识，使译文和原文达到对等。

---

[1] 田卉.任务型商务英语教学研究［M］.北京：国防工业出版社，2011.

第九章　大学英语跨文化交际能力培养策略

第一节　跨文化交际能力

近年来,很多学者对在翻译教学中融入跨文化意识这一较新的理论已经达成共识。科学技术日新月异、国际交往与合作日益密切,促使跨文化交际成为当前社会生活中必不可少的一部分。翻译作为跨文化交际的桥梁,在信息传递的过程中起着至关重要的作用。语言是文化的载体,也是传播文化信息的重要渠道,一种语言文字翻译成另一种语言文字就要不可避免地涉及大量的文化内涵。因此,翻译不仅涉及语言问题,也涉及文化问题。这就要求教师在翻译教学过程中不断地向学生传播不同的文化知识,采取多种多样的教学方法,培养和提高学生的跨文化能力,只有这样,才能从根本上提高学生的翻译能力。

一、跨文化交际能力的含义

跨文化交际能力是一个复杂的概念,包含很多要素,涉及很多层面,因此要给出一个全面、科学、统一、实用的定义相当困难。尽管如此,来自不同学科领域的学者根据自己研究的需要对这一概念从不同侧面进行了论述,其中 Hammer(1989);Ruben(1989);Gudykunst(1994);Byram(1997);Bennett, Bennett & Allen(1999)和 Fantini(2001)的相关论述影响最为广泛。这里我们简单介绍最具代表性的 Bennett, Bennett & Allen 和 Fantini 对跨文化交际能力的描述,并在此基础上对跨文化交际能力的情感—认知—行为框架做较具体的阐述。

(一)Bennett,Bennett & Allen对跨文化交际能力概念的论述

Bennett, Bennett & Allen 认为跨文化交际能力包含三层含义:超越民族中心主义思想的能力、善于欣赏其他文化的能力以及能够在一个或多个文化环境中恰当表现的能力。这一看似简单的定义实际上蕴含着丰富的内容。第一,要培养超越民族中心主义思想的能力,必须首先认识到民族中心主义思想的客观存在,然后通过在实践中不断反思自己的言行,逐渐培养超越民族中心主义思想的能力;第二,善于欣

赏其他文化的能力是建立在超越民族中心主义思想能力的基础上，以一种包容、开放、友好的态度，通过移情或换位思考的方法，来理解和欣赏他族文化的能力；第三，能够在一个或多个文化环境中恰当表现的能力实际上是要求我们在各种跨文化交际场合中能够根据具体的、不同的交际对象，调整自己的文化参考框架，灵活应对，恰当、有效地进行交际的能力。将"恰当"和"有效"作为评判跨文化交际表现的两个主要标准在跨文化交际学界已得到普遍的认可。"有效"指的是经过一定的努力，在一定的时间内，成功实现既定目标，得到应有回报。"恰当"则是指在交际过程中双方认为重要的准则和规范，以及对他们之间关系的期望没有受到严重侵犯。这两个标准的确定对跨文化培训和个人的跨文化交际实践具有指导作用。

Bennett, Bennett & Alien 关于跨文化交际概念的论述比较全面、深入，有利于我们对这一概念的理解和认识，但是由于过于抽象、空洞而缺乏操作性，对我们在外语教学中培养跨文化交际能力的具体实践起不到实际的指导作用。相比较而言，Fantini 的论述更加具体，可以成为我们外语教学和跨文化培训的重要参考。

（二）Fantini 的跨文化交际能力框架

Fantini 将跨文化交际能力归纳为五个要素：一系列特点或特征（a variety of characteristics or traits）、三方面（three areas or domains）、四个层面（four dimensions）、二语水平（proficiency in a second language）和不断进步和发展的过程（various levels of a longitudinal and developmental process）。

（1）具有跨文化交际能力的人通常表现出来的特征包括：灵活、幽默、耐心、开放、好奇、移情、对模糊和不确定因素的包容和忍受以及不做好坏优劣的判断等。

（2）跨文化交际能力涉及三方面的能力：①与人建立和保持关系的能力（the ability to establish and maintain relationships）；②交际中尽可能减少缺失和曲解的能力（the ability to communicate with minimal loss or distortion）；③为了共同的利益和需要进行合作的能力（the ability to collaborate in order to accomplish something of mutual interest or need）。

（3）跨文化交际能力包括四个层面：①知识（knowledge）；②态度（positive attitudes）；③技能（skills）；④意识（awareness）。

（4）用外语进行交际的能力：外语交际能力是跨文化交际能力发展的重要条件，因为在用外语与不同文化背景的人们进行交际的过程中，我们会遇到语言和文化障碍，为了达到交际的目的，我们必然会采用各种交际策略，调整自己感知、理解和表达的习惯，从新的视角去看待世界，由此形成对世界新的认识，这就给我们提供了宝贵的跨文化交际的体验。不能用外语进行交际的人们会失去这样的机会，只能在自已熟悉的圈子里看待世界和理解世界,成为名副其实的井底之蛙。

（5）跨文化交际能力的发展通常是一个不断进步和发展的过程,这个过程由低到高可以由这样四个阶段构成:第一阶段:短期旅行者(traveler),通常是出国进行几周短期学习和访问的人士;第二阶段:旅居者(sojourner),通常是前往国外留学或实习的人士;第三阶段:职业者(professional),在跨文化或多文化环境下工作的人士;第四阶段:跨文化(多文化)专家(intercultural / multicultural specialist),专业从事跨文化培训、教育、咨询的人士。

这四个阶段分别代表对跨文化交际能力提出不同要求的四种跨文化交际环境,跨文化教育和培训者可以根据自己的教育和培训对象的实际需要,确定教育或培训目标,因此对这四种环境所需跨文化交际能力的研究和分析意义重大。

Fantini从多个侧面对跨文化交际能力进行了描述,不仅帮助我们认识跨文化交际能力的内涵,而且他所提出的一系列特征、三种能力、四个层面、外语水平和发展阶段的框架对跨文化教育与培训具有很大的参考价值和实际指导作用。美中不足的是他对四个层面的描述比较简单,而这四个层面又是跨文化交际能力的核心所在,因此我们有必要弄清这四个层面的具体内容。

（三）跨文化交际能力的情感—认知—行为框架

一般来说,能力(competence)涉及三个层面:情感、认知和行为。与这些个性特征相对应的是动机、知识和技能三个教育范畴。换句话说,能力应该包括一定的相关知识、将这些知识转换为行为表现的技能以及渴望知识、勇于实践的态度和动力。据此,跨文化交际能力就可以定义为:掌握一定的文化和交际的知识,能将这些知识应用到实际的跨文化交际环境中去,并且在心理上不惧怕,且主动、积极、愉快地去接受挑战,对不同文化表现出包容和欣赏的态度。这里所说的态度和动机实际包括Fantini单列出来的意识的内容。以上三个层面综合的结果就是跨文化交际能力。

因为我们分析跨文化交际能力的目的是寻求提高这种能力的渠道和方法,所以能否统一定义,进行进一步的理论研究不是本章和本书的任务,我们关心的问题是哪些知识、技能和态度是具有跨文化交际能力的人必须学习和发展的,对这个问题的回答决定着跨文化培训和外语教学的目的、内容和方法,具有实际意义。本书作者在借鉴Samovar和Porter（1995）,Byram（1997）等研究成果的基础上,提出以下跨文化交际能力框架。

1. 态度层面

态度对于任何形式的学习,尤其是外国语言和文化的学习,是至关重要的。这里,态度指的是对持有与自己不同价值观念、遵守不同行为规范、采用不同意义系统的人们的态度。通常这一态度表现为成见或偏见，无论是正面还是负面的成见都会影响跨文化交际双方的相互理解。另外，民族中心主义思想的普遍存在也不利于来自不同文化人们之间的交流合作。由此得出以下态度层面的目标。

（1）增强自我意识，认识民族中心主义思想和成见的存在，消除偏见。知己知彼，百战不殆。良好的人际交往也需要我们首先对自己有一个清楚的认识。根据第二章的论述，民族中心主义思想、成见和偏见等问题或多或少地存在于我们每一个人身上，而这些主观认识往往是导致跨文化交际困难和失败的罪魁祸首，因此我们必须善于剖析自己，反思自己的言行，认清这些客观存在的问题的危害性，有意识地减少或消除它们对跨文化交际可能产生的负面影响。

（2）培养对异国文化的好奇、开放、欣赏、移情的态度。为了更好地了解他国文化，与来自不同文化的人们进行愉快、有效的交流，我们还必须培养对外国文化的兴趣和好感，增强学习和了解外国文化的动力。同时对不同于自己本族文化系统的价值观念、行为规范和文化习俗持开放、欣赏的态度，并能将心比心，愿意站在对方的角度思考问题，即所谓移情。

（3）培养文化相对论思想和跨文化意识。一个具有跨文化交际能力的人应该具备文化相对论的思想，即相信文化无好坏优劣之分，任何一种文化都为其成员服务，为他们提供思维和言行的参照和导向。文化的共性和普遍规律也说明文化对于社会、民族和个人所起的作用大致相同。然而，文化在具有共性的同时，也存在着差异，正是这些差异的存在使得跨文化交际非常困难。因此我们不能夸大文化共性，错误地认为各文化之间、各民族之间已趋于大同，差异和分歧可以忽略不计。正确的态度是，在文化相对论思想的指导下，树立跨文化意识，积极、热情地去理解不同文化的具体特征和内容，分析文化之间的差异。

2. 知识层面

Byram认为跨文化交际过程中交际双方应该具备和运用的知识包括两方面："一方面是关于他们自己国家和对方国家的社会群体及文化的知识；另一方面是关于个人和社会层面交际过程的知识。"关于本族文化的知识来自个人的社会化过程，在这个过程中人们不知不觉习得了反映自己国家和本族文化特点的文化身份。而学习其他国家和群体的文化知识往往是通过阅读、学习、参观、访问等各种手段，将其与自己的本族文化进行比较和对比，有意识进行的。

Byram所指的有关交际过程的知识比较含糊，作者更倾向于将其理解为有关交际环境的作用和跨文化交际普遍规律的认识。首先,交际与语境的关系密不可分,无论是由地理位置和环境布置等构成的客观环境,还是由人际关系、权力距离、谈话主题等构成的社会环境,都会影响交际的过程和结果。所以,人们在接受跨文化交际能力培训的时候应该学习相关的社会语言学的知识。其次,跨文化交际参与者还应该学习跨文化交际的普遍规律,掌握一定的文化学、社会学、心理学的相关知识,认识文化和文化学习的本质,了解文化冲突和文化调适等各种跨文化交际场合通常会遇到的问题和经历的过程。值得一提的是跨文化交际能力不应该只局限于某两种具体文化之间的交际环境,而必须能够超越具体文化,灵活变通地应用到各种交际场合,这才是跨文化交际能力的真谛所在。

另一个重要的知识范畴是交际所使用的信息编码和解码系统,主要有语言和非语言两大类。共同的语言系统是跨文化交际的关键,由于来自不同国家的人们往往使用不同的母语,所以外语学习非常重要。而非语言行为作为一个独立的,同时又是辅助的意义表达系统,在信息传递中也起着不可忽视的作用。这样综合起来,跨文化交际能力的知识层面应该包括以下主要内容:

(1)积累本民族文化和外国文化的知识,进行比较分析,了解异同;

(2)学习关于语境(地理环境和社会文化环境)的知识,认识语境对交际过程的影响;

(3)学习外国语言知识,提高外语使用能力;

(4)学习非语言交际的意义表达系统,了解其中的文化差异;

(5)熟悉文化学、社会学、心理学等的相关知识,了解文化和文化学习的本质,掌握跨文化交际的普遍规律。

3. 行为层面

以上提出的态度和知识上的目标只有转换成行为技能才具有实际意义,如果只停留在认知和情感层面,顶多只达到了扩大知识面和转变了态度的目的,跨文化交际能力的全面提高仍然是一句空话。当然,态度和知识是技能形成的基础,只要我们在教学中创造适当的环境,设计有针对性的活动,就能帮助学习者将态度和知识应用到跨文化交际的实践中去,从而使他们在行为上满足跨文化交际的需要。除此之外,行为层面还包括对付跨文化交际中常常会经历的紧张、焦虑、不确定等心理问题的能力。概括起来,能力层面的主要内容有:

(1)坦然面对模糊、不确定的交际环境,善于调整心态,勇敢面对文化冲突或跨文化交际可能带来的紧张和痛苦;

（2）愿意并能够站在对方的角度去理解和处理问题；

（3）具有很强的灵活性和适应能力，能够根据各种不同的交际风格和来自各种不同文化群体的人们的需要，调整自己的言语行为；

（4）具有很强的文化敏感性，善于观察和比较文化现象；

（5）经常反思本民族文化，反思自己的跨文化交际行为；

（6）善于学习新的文化知识、应对新的跨文化交际环境的能力。

以上三个层面，构成跨文化交际能力的主要内容。值得注意的是，这些态度、知识和行为上的表现虽然是被一一直线列举，但并不表示它们各自独立。实际上，它们相互渗透、相辅相成，在跨文化交际过程中同时作用，缺一不可。因此，跨文化教育与培训必须既培养态度和意识，又传授知识，还提高技能，三管齐下，才能实现提高跨文化交际能力的目标。

二、从交际能力到跨文化交际能力

跨文化交际能力的培养是一个宏伟的目标，仅靠短期的跨文化培训是很难实现的。从其涉及的领域来看，跨文化交际学、文化学、社会学、心理学、语言学和外语教学都应该承担起培养学生跨文化交际能力的重任，其中外语教学的作用尤其突出。

跨文化交际能力这个概念在语言教学者和跨文化交际学家之间架起了一座桥梁，一方面语言教学者一直在探寻最大限度地挖掘外语教学的潜力，满足社会发展需要的途径；另一方面跨文化交际学家顺应时代发展潮流，开发培养跨文化交际能力的渠道。两者虽然属于不同学科，有着不同的研究内容和方法，培养跨文化交际能力的目标却是共同的。那么外语教学的跨文化交际能力培养目标又是从何而来的呢？回答这个问题得从交际能力（communicative competence）的概念和理论入手。

（一）交际能力

交际能力这个词在很多社会学科的研究中都时有出现，而在语言学、社会语言学和外语教学中有着非同寻常的意义。直到 20 世纪 60 年代，语言学研究都是一个相对封闭的、独立的科学，即所谓的语言学自治研究（autonomy of linguistics）。Chomsky（1965）对"理想的说话人"在"完全同类的言语群体"中的言语行为进行分析所得出的语言理论一度主宰着语言学界。随着文化学和哲学等学科对语言和文化关系研究的深入，语言学界出现了一个社会语言学的分支学科，社会语言学家开始对不考虑何时、何地、被谁、对谁、在何种社会情景中、以何种方式，只分析能（或不能）说什么的语言描述方法提出疑问。Hymes（1966）更是直接抨击 Chomsky 关于语言能力（linguistic competence）和语言使用能力（linguistic performance）的理论，他指出语言学家要弄清第一语言习得过程不仅要观察小孩如何提高语法能力，而且要注意他们如何恰当使用语言的能力，社会语言能力是他的研究重点，并由此提出了交际能力作为语言分析和描述基础的思想。这一思想应用到外语教学中，促成了交际法的形成。

与 Chomsky 的理想、抽象的人和环境不同，交际能力是指有着具体社会和文化身份的说话者同某一客观存在的言语群体进行有效、恰当交流所必须了解和掌握的一切知识和技能。对这种能力进行分析显然必须跳出纯语言学的圈子，进行跨学科研究。

语言学的这一突破和社会语言学的兴起使很多外语教学工作者对交际能力理论对外语教学的启示产生了极大的兴趣，虽然由于研究者的视角、重点和所处环境不同，对交际能力的定义各不相同，但是，综合他们的研究成果我们就能深入、全面地理解交际能力的概念以及它对于外语教学的意义。在众多关于交际能力的研究成果中，最具代表性和影响力的是美国的 Canale & Swain（1980）和欧洲的 van Ek（1986）。

Canale 和 Swain 将交际能力细分为语言能力、社会语言能力、篇章能力和交际策略。这一概括被外语教学研究者和教师广泛接受，成为交际法外语教学的主要理论来源之一。但是 Stern（1983）等认为这一解释虽然包括社会与语言使用关系的层面，但忽视了文化要素对语言使用的影响。相比较而言，van Ek 的交际能力（communicative ability）模式更加全面合理一些。他在强调外语教学对于学习者综合素质提高的重要作用的基础上，提出了"一个全面的外语教学目标框架"（a framework for comprehensive foreign language learning objectives）（1986）。针对学习者的个人综合素质，他提出了培养独立自主的思想和社会责任感(the promotion of autonomy 和 the development of social responsibility）的目标，他认为外语交际能力应该包括：

（1）语言能力：能够根据所学语言的规范理解和表达意义的能力；

（2）社会语言能力：能够理解语言使用受社会环境因素影响，并能够根据社会环境调整自己的语言行为的能力；

（3）篇章能力：在理解和创造篇章时能够使用一些恰当的策略，如语意连贯和语篇粘连的手段；

（4）交际策略：在交际遇到困难时能够采用一些补救措施去说明自己的思想或弄清对方要表达的意思；

（5）社会文化能力：每种语言都是以其独特的社会文化为语境，外语学习者应该了解目的文化，才能更好地使用所学语言；

（6）社会能力：外语学习者愿意而且能够在与他人交往时，态度积极、大方自信，善于解决一些社会问题。

前面四项能力与 Canale 和 Swain 的交际能力完全吻合，不同的是他增加了一个文化能力和一个社会能力层面。乍看上去，这两项与前面四项关于语言交际能力的目标格格不入，似乎远离了外语教学的主题，但实际上这两个目标的确定正是研究者进一步理解外语教学本质和潜力的结果。

外语教学从注重阅读能力到口语能力再到交际能力的历史告诉我们，它是一个社会现象，受社会发展和世界政治经济形势的影响，同时又通过满足学习者的业务和个人发展需要来服务于社会。当前文化交流日益频繁，国际合作广泛深入，外语教学的内容和目标也应随之改变。了解外国文化，提高跨文化交际能力，增强综合素质是新时代对每个年轻人的要求。而外语教学是一个丰富多彩的、涉及个人和社会各个层面的活动，具有极大的教育潜力，语言和文化的密切关系决定了跨文化交际能力和外语交际能力可以，而且也应该结合起来，成为外语教学的一个有机结合体。令人欣慰的是有不少研究者已经意识到这种变化和需求，并已着手对外语教学进行更加深入的研究。

（二）从 native speakers 到 intercultural speakers

虽然交际能力作为外语教学的目标早已深入人心，但是关于交际能力的内容和标准的讨论一直在持续着。Byram（1997）在肯定 van Ek 提出的外语教学目标框架，尤其是关于文化和社会能力目标的同时，对他在交际能力阐述中所隐含的以 native speakers 的言语行为作为目标和楷模的观点提出了疑问。Kramsch（1998a）也专门撰文"The privilege of the intercultural speaker"，反对继续用 "native speakers" 的语言和社会文化标准来评判外语学习者的语言水平。她认为外语学习者有权为了自己的目的去使用外语。如果只有 native speakers 的语言和交际行为才是正确的话，那么学习者在跨文化交际中就处于一个弱者的、从属的地位，这是不公平的。用 "native speakers" 作为外语教学的目标至少有三大谬误。

第一，"native speakers" 的定义模糊，不适合作为教学目标。由于近年来的经济发展和人口流动使得语言状况变得越来越复杂，对 "native speakers" 的理解分歧越来越大。尤其是对英语作为国际通用语教学而言，"English native speakers" 的定义几乎是不可能的。首先，除了美国、英国、澳大利亚、新西兰等英语是唯一的官方语言的国家之外，还有很多国家和地区以英语作为第二语言，如印度、新加坡，再加上全球其他地区将英语作为外语进行学习和使用的人口，英语使用者的数量之大、分布之广令人惊讶。其次，每个语言群体内部由于年龄、职业、教育背景、社会地位、所处地理环境等的不同，存在着很多的方言和语体。虽然，外语教学通常瞄准的都是操该语言的主流文化群体，但是对主流文化的定义和描述也是一大难题。最后，鉴于英语在世界政治、经济、教育、外交等活动中所起的重要作用，它已逐渐脱离了传统的地理环境和母语群体的联系，成为来自世界各个国家和地区、持有不同母语的人们相互交流的中介语，即国际通用语。这一切使得"native speakers"成为一个抽象、空洞的概念。第二，要求学习者达到同"native speakers"一样的语言水平，实际上忽视了学习者与"native speakers"在不同条件下学习或习得这门语言的事实："native speakers"的语言水平对于外语学习者来说是一个永远不可能实现的目标，而"native speakers"经过个人社会化过程长期积累发展的社会语言能力和文化能力更是外来人员不可能达到的。native speakers 和 non-native speakers 之间不可逾越的鸿沟主要是由母语和本族文化的根深蒂固性和它们在外语和外国文化学习过程中的迁移而导致的。因此，"native speakers"模式不是一个切实可行的教育目标。第三，即使"native speakers"的目标可以实现，这种能力也不是当前外语教学所需要的。因为，要达到"native speakers"的语言水平，被他们的文化同化，势必意味着要背离自己的本族文化，这一被同化的过程对于外语学习者来说是非常痛苦的，而且也是完全没有必要的，因为外语学习和外国文化学习的目的不是被目的语言和文化同化，而是通过这门语言和这个文化的学习，增强语言意识和文化意识，掌握跨文化交际的技能，培养对不同文化的开放、宽容、移情的态度。这就是 Byram 和 Kramsch 主张用"intercultural speakers"来取代"native speakers"作为外语教学目标的原因。

跨文化的人的特点是"在一定的社会环境中能够灵活选用准确、恰当的形式，而不只是根据某一个社会群体的学术规范和社交礼节去说和写"。他能够周转于几种语言或语体之中，灵活调整自己的言语行为，避免跨文化误解。具体来说，一个跨文化的人应该能够做到以下四点：

（1）能够辨别出两个群体关系中的冲突区域；

（2）能够解释冲突的行为和信念；

（3）能够解决冲突或对不能解决的冲突进行协商；

（4）能够评价一个解释系统的质量，并根据一个具有某个具体文化背景的说话人的信息，自己建构一个有效的解释系统。

总而言之，一个跨文化的人了解多种文化知识，具有一种或多种文化身份，即使在面对自己从未直接接触和了解的文化群体时,也能够友好相处,有效交流。培养这样的具有跨文化交际能力的人才是新时代外语教学的目标。

（三）交际能力与跨文化交际能力

要实现"an intercultural speakers"的目标,必须在外语教学中进行跨文化交际能力的培养。比较跨文化交际能力和外语交际能力的内容,它们的区别一目了然。外语交际能力只是针对目的语言系统及其使用,要求学习者掌握所学外语的知识体系和应用规范,目的是与该语言群体的人们有效交流,具备外语交际能力的学习者充其量只是一个双语和双重文化的人。跨文化交际能力则要求学习者超越本族语和目的语及其相应的具体文化的束缚,了解各种不同思维方式和生活方式,开阔视野,培养灵活的、适合于多种社会文化环境的交际能力。外语交际能力是跨文化交际能力的重要组成部分,但它只是达到跨文化交际能力最终目标的初级阶段。跨文化交际学家把传统外语教学所追求的交际能力等同于他们的具体文化学习阶段,他们认为只有超越这一初级阶段,在此基础上继续努力,进行普遍的文化探索,掌握跨文化交际的普遍规律,尝试与多种不同文化群体进行交流,才可能实现跨文化交际能力的培养目标,最大限度地实现外语教学的潜力,满足社会发展的需要。外语教学以跨文化交际能力为最终目标并不意味着外语教学必须独自承担实现这一宏伟目标的任务。从前面关于跨文化交际能力和交际能力的分析来看,跨文化交际能力的很多内容与外语教学密切相关,可以而且必须在外语教学中得以培养和发展,然而也有一些层面与外语教学有关,但与语言能力相互独立,如非语言交际行为,尤其是像时间、空间、距离等文化差异,就不一定非得与语言同时学习。何况,在外语教学的环境中,语言教学永远是中心任务,这是跨文化外语教学必须始终坚持的原则。

跨文化交际能力和外语交际能力分别是跨文化交际学和外语教学研究提出和发展的概念,它们虽然源自不同的学科,有着不同的内涵,但是稍加分析,我们不难看出两者之间有着密切的联系,这一联系不仅体现在两个概念本身,滋生和培育它们的学科也由于时代发展和国际形势的需要而悄然融合。本章讨论得出的如下结论即可说明这一点。

（1）跨文化交际能力是外语交际能力的延伸和发展。如果说外语交际能力是指外语学习者与目的语群体有效交际的能力,那么跨文化交际能力就是超越具体语言和文化群体,根据不同语境灵活多变,应对自如的能力,它体现在情感、认知和行为三个层面。

（2）外语交际能力的培养是跨文化交际能力培养的基础,掌握一门通用的外语不仅为跨文化交际扫清了语言障碍,而且通过学习、接触、经历目的语群体的文化,对跨文化交际有了一定的了解和体会,为更深一步的跨文化学习奠定了基础。

(3)不利用外语教学的优势,跨文化培训在很大程度上只能是纸上谈兵,因为直接的跨文化体验需要一定的外语基础,学习过外语的人们接受跨文化培训具有很大的优势。反过来,外语教学若不将跨文化交际能力作为目标,就不能发挥其教育潜力,也不可能培养时代发展需要的人才。所以,外语教学和跨文化培训应该有机结合。

(4)语言、文化以及交际之间相互作用和密不可分的关系将跨文化交际研究和外语教学研究两门学科紧密联系起来。来自这两个学科的研究者不仅可以借鉴彼此的研究成果,而且可以,也应该开展广泛的合作。

三、跨文化交际能力培养的局限性

培养跨文化交际能力是外语教学的目标已是毋庸置疑的。可是,在我们的实践教学工作中,还存在着一系列无法回避的问题。

首先,由于其广泛性,英语已经成为一种世界性的语言,因此在学习过程中过度地强调两方国家的文化,那么学习者最终获得的只是英语世界中特定文化体系的交际能力,而不是他们中许多人认为的放之四海而皆准的跨文化交际能力。在跨文化交际中,使用其中一方的母语为交际媒介,并不意味着双方所有的言语行为都要符合那一方文化的语用适当性。跨文化交际的言语行为适当性不能完全依据使用什么语言来决定,比如,到中国来的美国商人虽然在用英语与中国人交往,却不可坚持其美国文化的语用规约,至少应当在一定程度上顺应中国文化环境的交际适当性,跨文化交际应该是承认差异并容许差异共存的,其中也自然包括交际双方在语言运用上的差异,如果拿交际一方的文化做标准去消除差异,使双方达到语用上的统一,最终很有可能解除交际的跨文化性质。这样做可以降低相互交往的难度,但是会限制跨文化交际中双方实现各自话语潜势的空间,跨文化交际的目的在于使交际双方充分发出属于自己文化的声音,又能够最大限度地相互接近和理解,以获得真正意义上的沟通。

其次,过多地强调对目的语文化的学习,许多学习者往往忽视了对自己本族语文化的了解和认识,在完全舍弃自己母语文化的同时,换来的是对两方历史文化的了如指掌,甚至一部分外语学习者只是盲目地接受目的语文化的生活方式和世界观,改变其文化认同,这样的想法和做法是不可取的。跨文化交际能力包括认知、情感、行为等诸方面的适应能力,具备了这些能力的交际者,能够在跨文化交际中根据实际情况临时搁置或修改自己原有的文化习惯,去学习和顺应与之不同的文化习惯,并能创造性地处理交际双方之间的文化差异。因此跨文化交际能力并不仅仅是获得目的语文化知识和交际技能，深入了解目的语文化，更重要的是实现两种语言和文化价值系统之间的互动作用，目的语文化与母语文化的鉴赏能力相互促进，学习者自身的潜能得以充分发挥。对此，高一虹教授提出了跨文化能力中的文化超越问题，主要有以下几层含义：第一，意识到文化的差异或定型的存在，但不被其束缚；第二，能够以更开放、灵活、有效的方式进行跨文化交际；第三，在跨文化交际中生产性地建构自我认同。所谓生产性，源于人本主义心理学家弗洛姆的理论，在外语学习中用来指对母语与目的语的掌握，对于本族文化与目的文化的理解，以及两者之间的积极互动、相得益彰，对两种文化的认识也在质量和深度上达到新水平，促进了人的认知、情感、行为的成长。

最后，如何培养跨文化交际能力还需要外语研究者和学者不断地进行深入的研究和探索，现在的外语教学中，对跨文化交际能力的培养以及文化的教学很多都停留在文化知识层面，而其他两个层面则分析得较少，在这种教学模式中，教师以灌输的方式为主，启发性的教学方式几乎不存在。课堂教学中，学生一直处于一种被动接受的状态，与他们的切身体验缺乏联系。这种教学模式最明显的后果是学生缺乏文化知识的系统性。老师随意讲和学生泛泛听是因为没有一个循序渐进、条理清晰的教学模式，这根本无法满足外语教学中文化多元性和发展性的需求。

基于上述的若干局限性，高一虹教授指出，新的跨文化交际能力的培养模式应该有以下几个特点：第一，它以文化意识的培养为中心，有对文化多元性的意识和对差异的宽容态度，对异文化共情能力，以及对自身文化价值观念及行为方式的觉察和反省；这种文化意识能帮助学习者主动地获取深层次处理文化知识的能力，并在跨文化交际行为方面具有更多的灵活性和创造性。第二，关注态度和情感层面，也包括认知层面，特别是批判性的反思能力。第三，不限于目的语文化，而是通用与任何文化（包括本国文化中的亚文化）成员的人际交往。众所周知，跨文化交际能力的培养需要在外语教学中进行文化教学，文化包括以下三方面：文化知识、情感态度以及举止行为。

四、跨文化交际能力的构成要素

跨文化交际是一个多学科交叉、跨越性很强的新兴学科，这种跨越性决定了跨文化交际能力的立体性。跨文化交际能力是 20 世纪 90 年代针对跨文化交际人才培养提出的一种能力范式，它强调交际者跨文化敏觉力、跨文化意识和处理文化差异的技巧性和灵活性。这三个部分不是孤立存在的，它们之间有着紧密的联系和层级关系,即跨文化敏感性处于最低层,处理文化差异灵活性处于最高层,跨文化意识则处于两者之间。换句话说,只有当交际者对各类文化差异萌生了敏锐的意识,才可能产生宽容的文化态度和交际的兴趣,面对不同的跨文化情景进行积极的自我调适,跨文化意识也渐次增强,进而采取灵活自如的处理方式,由此达到很高的跨文化交际效能,据此我们可以看出跨文化能力的培养是由低到高、循序渐进的过程。

（一）跨文化敏觉力

跨文化敏觉力是跨文化交际能力基本要素的第一个要素。有学者指出,跨文化敏觉力(intercultural sensitivity)代表跨文化沟通能力的情感面向,它代表一个人在某种特殊的情境或与不同文化的人们互动时情绪或情感的变化。跨文化沟通的情感面向特别指出,具有跨文化沟通能力的人,能够在互动之前、之中和之后,投射与接受正面的情感反应(positive emotional responses)。这种正面的情感反应,最终会把当事人带到认可与接受文化差异的境界。这个过程正是发展跨文化敏觉力的过程。贝内特(Bennett,1981)认为跨文化敏觉力是个发展的过程。一个人能够在认知、情感以及行为层次,把自己从我族中心(ethnocentric)的阶段转化到我族相对(ethnorelative)的阶段。这个转化的过程包括六个阶段:①否认文化差异的存在。②对抗认知到的威胁以试着保护自己世界观的核心。③试图把差异藏匿在文化相似性的伞下,以保护自己的世界观。④开始接受文化与行为上的差异。⑤开始发展对文化差异的移情能力并成为双重或多重文化人。⑥能够把我族相对主义用到自己认同之上,而且体验到差异其实是人生很重要与值得愉悦的一部分。

文化差异的敏感性,不仅是对文化表层,更是强调对文化深层差异的识别能力。文化表层的差异显而易见,不需要特别的训练就可以识别,而文化深层的差异通常隐含在人们的行为和思想中,不易直接观察到。如西方人习惯的低情景交际和东方人采用的高情景交际是不易直观看到的,因此有意识地培养对文化深层差异的敏感性就显得尤为重要,这必须依赖对不同文化的比较及对文化差异相关知识和经验的积累。

跨文化敏觉力是一个内涵丰富的能力概念,它包含交际者的自信心、自适力、开明度、中立的态度以及社交的从容等相互联系的几个层面。

作为一个面对全新异文化的交际者,首先对自己的文化和自身素养要有很强的自信心,这种自信心使交际者在面临各种交际情景时采取乐观积极的态度,从而更易于接受他人和他文化,也较易于被对方交际者理解和接受。同时,自信心让交际者在跨文化交际中遇到挫折、误解或疏离时,能够相对自如地应对这些交际逆境,更快走出交际困境。

跨文化交际的开明度意味着交际者要有多元文化心态，对异质文化应采取宽容理解并尽量去接纳的态度，而不是以自我文化为中心，以自己的文化价值观去衡量和评价对方交际者的言行。同时，开明度还包含交际者愿意适当解释对方不易理解和接受的自己的语言和行为，也乐于倾听对方在交际过程中的解释。其实，跨文化交际的开明度即是阿德勒在1977年提出的"多重文化人"。多重文化人能够接受不同于他们自己的生活形态，更能在心理和社交方面掌握实体的多重性（multiplicity of realties）。换言之，跨文化敏觉力强的人，不仅能够了解一个观念，可以用多种不同的形式来加以表达，并且对世界具有一个内化与广阔的概念。这些都是开放心灵的表征，促使一个人愿意认可（recognize）、感激（appreciate），甚至接受（accept）不同的观点。这种处处为他人设想与承受别人需求的特性，在跨文化交流中，就是相互确认（mutual validation）与认可彼此文化认同的发挥。

自适力是指在跨文化交际中，交际者根据交际情景和交际时间不断地进行自我调节适应并进行有效交际的能力。研究表明，自适力强的交际者对周遭的环境和对方交际者的行动更敏感，能够迅速捕捉到交际中的可用信息以及交际中适时的变化并调整自己的言行，以尽可能完成交际任务，达到交际目标。

中立的态度主要指交际者在真诚倾听对方交际者的言语时，能够主动摆脱自己文化带来的思维定式，积极倾听对方的语言和意识，理解对方语言中的文化密码和交际意图。在对话过程中，尽量采用描述性而非评价性和判断性语言和态度，不以自己的文化价值为标准和依据去评论别人的行为，否则会产生文化偏见而导致民族中心主义。在倾听过程中，尽量不打断对方，必要时以点头或者眼神等身体语言与对话者示意，最后让对方感到心理愉悦和满足。

社交的从容是指在跨文化交际中不显露焦虑情绪的能力。在跨文化交际中，难免会遇到各种各样的交际困境和交际压力，交际者应具有良好的心理素质，不慌乱、不焦躁，能够摆脱交际困境带来的各种焦虑症状，如流汗、颤抖以及言语不畅等，以比较泰然的心态面对各种交际难题。交际的从容也有利于交际者利用以往的交际经验和生活经验，在困境中发挥潜力而急中生智，战胜交际障碍，达成交际共融。

跨文化敏觉力较强的人在与来自不同文化背景的人交流时能更快地适应陌生环境，更有自信心，更能够以客观的态度看待文化冲突，并认真专注地倾听交际对象的交际意图，从而更快速地调整自己去处理交际中出现的挫折，更从容地应对跨文化交际过程中出现的各种障碍，确保交际的顺利进行。

（二）跨文化认知能力

国内知名学者戴晓东在其论著《跨文化交际理论》中，把跨文化交际的第二个层面概括为认知过程，即跨文化意识。他认为跨文化能力的认知过程主要涵盖自我意识和文化意识两方面。自我意识是指交际者自我监控或对自己作为特定文化成员即文化身份的感悟，文化意识是指对影响人如何思考与交际的文化规约的理解。所谓"跨文化意识"，是指对不同民族国家之间的文化现象、文化规约和文化模式等的洞察和理解，对文化之间关系的领悟，并根据所领悟的对方文化特点来调整自己的语言和思维，以及据此产生的跨文化自觉性。跨文化意识的基础和前提是跨语言能力，而跨文化意识是跨语言能力的深度体现和非言语呈现。交际者跨文化意识的形成意味着交际者完成从单一文化认同身份到多重文化认同身份的转变，交际者站在第三文化的高度观望世界的各种文化，这样才能在千变万化的文化现象和文化语境中应对自如而立于不败之地。

跨文化交际中的认知能力主要涵盖两方面的内容，即语言能力和文化能力。其使用的另外一种表述是言语交际能力和非言语交际能力。这是因为在跨文化交际中，运用的交际方式包括言语和非言语两种，其中言语交际正是语言能力的体现，非言语交际能力的高低则建立在交际者对双方文化背景的深刻洞察和理解上，非言语交际中的体态语、环境语、客体语以及副语言等无不包含着丰富的文化信息，交际者只有具备良好的跨文化背景知识，才能很好地处理这些非言语信息，从而进行有效交际。另外，言语交际中的盲区和误解常常存在，这些正是不同文化背景和文化内部系统迥异所致，非言语交际恰好弥补了言语交际的这种有限性和不足，两者相辅相成，使跨文化交际得以顺利进行，最后达到双方需要的交际效能。

（三）跨文化行为能力

跨文化交际能力的第三个基本要素是跨文化行为能力，即跨文化交际的灵巧性，是强调交际者进行有效交际的技巧和能力。根据戴晓东的论述，跨文化交际的灵巧性是指交际者实施交际行为、完成交际目标的能力。跨文化交际的灵巧性涉及言语和非言语信息，它包括信息的传达、自我表露、行为的灵活性、互动的管理以及社交技巧等方面。交际灵巧性是交际能力的一种体现，反映出交际者怎样调动有限的语言知识进行交际的水平。在跨文化交际中，如果交际者能够灵活有效地运用交际技巧，就会克服语言水平和文化水平的限制，从而达到交际目的。

传递信息的技巧是指交际者根据自己掌握的语言和文化知识，运用合适的交际策略和技巧，熟练地传达交际对方可理解的信息的能力。它要求交际者不仅具有熟练的语言功底和深厚的双文化底蕴，还要求在以往的交际经验中练就良好的信息传达技巧，这样才能尽量避免产生由信息误读和文化误解而导致的交际障碍，保证交际的顺利进行。信息传递的效率与自我表露技巧的高低有着紧密的关系。自我表露就是交际者在面对交际对象时，以恰当的方式向对方坦露自我心意和自我情态。这种表露在特殊的跨文化交际场合流露和表达出来，具有很强的导向性，而非普通好友或亲人之间的随意表露，因此要谨慎表露、恰当示意，表露方式要贴切自然、不做作，要考虑到对方的文化背景和语言水平，否则容易引起对方交际者的漠视或反感，甚至形成对交际者不利的刻板印象。同时，自我表露和信息传达的准确与否直接影响着交际的有效性。得体的自我表露和准确恰当的信息传达也体现了交际者行为的灵活性。

交际行为的灵活性体现了交际者在各种交际场合中根据交际对象和交际时间不同而随机应变应对交际事务的能力，也体现了交际者交际策略选择的准确与迅速，同时交际灵活性也是交际敏觉力在行动上的体现和延展。有学者指出，优秀的交际者能够运用灵活的言语提示，敏锐地捕捉对方的身份，并且适时做出调整，较快与对话者建立起良好的互动关系。

互动的管理是指交际者在交际中对互动局面的把握和控制，即在交际过程中，交际者适当控制交际节奏、说话顺序和交谈主题，适时地启动和结束对话。具有良好互动管理能力的交际者，能够调动交际场景中的各个交际对象，把握好会话结构，根据自己和其他交际者的交际需求粗略设计和转换会话主题，不轻易打断别人，并认真倾听，最后实现交际者的交际意图，达到交际目的。

社交技巧包含移情和身份的维护两个层面。"移情"（empathy）作为美学概念，是德国学者罗伯特·费肖尔1873年在《视觉形象感》中首先提出的。日本语言学家库诺第一个把移情从美学领域借用到语言学领域，随后，移情这一概念逐渐被用到跨文化交际学领域。跨文化交际中的移情是指交际主体自觉地转换文化立场，在交际中有意识地超越本土文化的俗套和思维模式，摆脱自身文化带来的束缚，转换身份到另一种文化模式中，切身感悟和理解另一种文化。移情在跨文化交际中是连接交际者之间的情感和文化的桥梁，是进行有效沟通的重要能力。据陈国明（2009）所言，移情就是把自己投射到对方的位置，暂时想对方所想、感对方所感的过程，它把我们带入了别人的心灵世界。跨文化交际中的移情主要表现在两方面，一方面是指听话人从说话人的角度准确领会话语的交际意图；另一方面是指交际双方要设身处地地尊重对方的文化背景、风俗习惯和价值取向。整个过程包括：承认差异—认识自我—调适自我—准备移情—体验对方,进而克服民族中心主义,增强对别人的需求和跨文化敏觉力。文化移情要求交际者与时俱进地不断学习并具有开明的文化价值观。文化移情能力决定了交际者能否摆脱自身文化积淀所形成的思维定式的影响,从而自觉地避免因文化取向、价值观念、宗教信仰、伦理规范、思维方式、生活方式等差异引起的文化冲突,保证跨文化交际的顺利进行。在跨文化交际中,移情是为了有效沟通,但在移情的同时,也不能忘了对身份的维护。身份的维护应该包括对交际者个人和民族身份的维护以及对交际中他者身份的维护。交际行为的灵活性不能离开身份的维护,没有尊严的交际不是平等的交际,也不是我们追求的理想交际状态。因此,在交际中,优秀的跨文化交际者既能够根据对方传达的信息快速有效地判断对方的身份,并对之进行有效维护,又能够准确定位自己在交际场景中的身份和代表的民族身份,以维护它为交际的原则之一。

第二节　大学英语教学中跨文化交际能力的培养

近年来,跨文化教育已成为我国外语界研究的热门课题。20世纪90年代后期,我国外语界基本达成了一种共识,即语言教学中必须进行跨文化教育。不少高校的大学英语教学已经开始关注跨文化教育在英语教学中的作用。很多大学都开设了跨文化交际学课程,受到了学生和社会的关注,产生了积极的影响。

目前一些高等院校的英语教学已经开始关注跨文化教育在英语教学中的作用。如通过教学内容的背景知识介绍,提供大量相关的阅读材料,以扩大学生的知识面,让学生从多角度接触英语语言国家的文化,感受与语言文化相关的现象、文化、习俗等。但这也只是注重目的语的文化,而对自身文化关注相当匮乏。目前,中国和国际外语教学的主流研究还只是停留在文化差异和语言差异的分析上。很少考虑其中的文化权势问题,而这正是被国际交流中越来越多的人所重视的。任何一种跨国界、跨文化交流都是发生在双方(尤其是心理)平等的基础上,如果无视自身的文化传统、自身的民俗民风以及习惯等,而强化对方的文化与习俗,那么不利于语言对比与文化对比研究,也不利于文化交流平等意识的树立,更不利于交流目的的实现。只有在对本国文化有充分认知的基础上,不断深化对优秀传统文化的理解,提高修养,才能去了解他国的文化,从中对比,吸收优秀文化,从而进一步拓展自己的跨文化心理空间。因此,英语教育教学既要重视目的语文化,也要重视本国文化,只有这样才能将双向跨文化交流传播获取知识过程的功效发挥最大。外语教学实践证明,将语言与文化结合得越紧密，对目的语文化的理解就越深刻，运用目的语语言进行交流、沟通的能力就越强。学生通过对语言及语言文化相关知识的学习，可以认识到丰富多彩的世界文化，获得更多的知识，从而形成一种开放、平等、宽容、尊重的跨文化心态，对异国文化采取尊重和包容的态度，从而在交流中从容运用。因此，大学英语教师在教育教学中必须具备跨文化教育的基本素质，加强跨文化教育的研究与实践。在英语教学过程中，要通过多种方式引导学生关注、学习、思考相关文化的差异，并乐于接受和善于理解文化的多样性。帮助学生跨越中外文化差异，消除中外文化歧见，树立对世界各民族文化的正确态度，尊重不同文化。这不仅要探讨如何正确面对外来文化，更重要的是如何吸取、借鉴外来文化。通过学习、交流不但要让中国人民了解世界文化，也要让世界人民了解中国灿烂、悠久的文化。

根据我们前面对跨文化交际能力基本要素的区别和分析，可以看出跨文化交际能力的培养分为三个层面。第一个层面是在接触和了解他国语言和文化时，不断加强交际者的语言功夫，丰富其文化积累，克服交际过程中易出现的两大障碍，培养交际者的文化敏感性，以提高跨文化交际敏觉力。第二个层面强调对语言和文化的深层认知，增强对他国语言以及背后的隐性文化和价值观的理解，如西方文化价值观中的个性自由和独立竞争等，这些方面的理解和感悟有助于交际者在交际中策略的选择，针对对方文化的异质性以及个人特性，做到有的放矢。第三个层面是培养交际者灵活运用所学语言、文化知识应对和处理跨文化交际中出现的各种交际情景以及突发事件等，这是跨文化交际能力培养的最高层面和最终目标。要达到这一目标，必须培养交际者学以致用的能力，培养他们根据过去对外国相关文化的认知，积极参与跨文化交际实践，锻炼他们处理文化冲突的灵活性。由此可见，从跨文化敏觉力的培养到对语言和文化的深层认知再到跨文化交际实践行为的训练，这三个层面既有一定的递进关系，又相互融会贯通、相辅相成。

一、培养跨文化敏觉力

关于交际者跨文化敏觉力的培养，首先要做的就是克服两大障碍。因为在跨文化交际的初期总是存在一些交际障碍。主要障碍之一是刻板印象。这些印象和看法可能是正面的，也可能是负面的。尽管大家都知道刻板印象不可取，但要做到完全避免不容易。刻板印象忽视个体区别，一旦形成便不易改变。它僵化了交际者的头脑，使得交际者不能客观地对待另一种文化，失去了交际应有的敏觉力。在观察他国文化时只注意与自己的刻板印象相符合的现象，而忽略其他更重要的差异信息。它妨碍交际者与不同文化背景的人相处，不利于顺利开展跨文化交际。因此，必须尽量克服由于刻板印象带来的负能量。对于教师来说，在文化课上应尽量避免用带有刻板印象的话语，并提醒学生注意普遍文化概念下的个性差别。因为在跨文化交际中交际者首先面对的是交际个体，然后才是其背后的民族文化。不能因为对整个民族的刻板印象而影响了交际者对具体交际对象的判断和决策。跨文化交际中的障碍之二是民族中心主义，即习惯以自己民族的价值观衡量其他文化，从自己的文化角度出发，以自己的评判标准评价对方交际者。一旦发现与自己的预期不同，就会对对方产生敌对情绪而引起文化冲突。有学者认为，所谓民族中心主义就是按照本族文化的观念和标准去理解和衡量他族文化中的一切，包括人们的行为举止、交际方式、社会习俗、管理模式以及价值观念等。

社会中的每个人都无法避开民族中心主义，尽管我们努力克服隐藏在内心深处的民族中心主义，但是，我们都成长在一定的文化环境中，文化早已融进我们的心中，指导着我们的行动，造成人们在观察别种文化时会不自觉地以自己的是非标准为依据，对于异质文化事物常会做出有失客观的判断。胡文仲认为，各个国家的地图都是把本国放在中心。美国人看中国出版的世界地图会感到生疏，因为他们习惯看到的是把美国放在中心的地图。我们看美国的世界地图也觉得奇怪，因为突然发现中国在地图的一侧。这都是把自己国家作为中心的最好证明。在历史课上，往往也是这种情形。谈到对世界文明的贡献，一般总是突出自己国家的成就，而对于其他国家的成就估计不足。这些正是民族中心主义在作祟，要完全摆脱我们在社会化过程中获得的观念和看法是一个长期艰巨的任务，也是培养跨文化交际敏觉力的重要方向。

文化对比教学法是课堂上克服刻板印象和民族中心主义的主要手段，通过对比了解自己和他者各自的特性。文化对比教学法的实施要求交际者摆脱自身文化的约束，避免简单化的思维定式，将自己置于他族文化模式中，在理性、平等的立场中感受、领悟和理解另一种文化。当然，对比教学法首先要求教师理解他国文化并选取典型文本解释其中的文化元素，帮助学生更充分地理解文本的语言信息和渗透其中的非语言信息，并与自己本土文化中的相应文化元素进行对照讲解，引导学生在解读过程中有意识地去寻找文化差异。比如，教师讲解关于狗的文本资料时，由于狗在中西方文化中所代表的意义相差很大，如果不明白这一文化密码，交际中很容易产生误会。教师可以举例子：一个英国人对自己才接触不久的中国朋友说"you are a lucky dog"。中国朋友很可能会认为这位英国人在侮辱他。因为"狗"在汉语里是一种卑微的动物，狗的贬义形象在中国人心中已生根，人们常常用狗来形容不好的事物,如"狼心狗肺"等。但是在英国,狗却有很高的地位,英国人认为狗是人类忠实的朋友。英国人常常用狗来比喻人,如 Every dog has his day（人人皆有得意日）,You are a lucky dog（你是一个幸运狗）等,这样的教学既形象又生动,还能增强学生的跨文化敏觉力。

交际参与度是跨文化敏感度的最佳指示变量,意味着要想通过跨文化敏感度来提高跨文化交际能力,最有效的方法是提高交际参与度,从而对跨文化交际能力产生影响。因此,除了课堂上的对比教学法以外,教师还要鼓励学生积极参与具体的跨文化交际训练和实践,并努力为他们创造跨文化交际的机会,这是培养他们克服刻板印象和民族中心主义的最好途径。因为在具体的训练和实践中,他们能真切地感受到文化的多样性和同一文化不同个体的差异,逐渐形成多元文化观和开明的交际态度,从而尽量主动克服因刻板印象和民族中心主义而导致的交际障碍,形成良好的跨文化敏觉力。比如,可以设计多个与中国人的思想和性格迥异的文化模式,由不同的人扮演,让他们分别与中国人交往。从这个活动中,受训者会体会到自身文化的某些特点和他国文化的一些特性,从而提高自己的文化敏觉力。在条件允许的情况下,带领学生或鼓励他们多参加各种小型国际会议、国际论坛以及跨文化聚会是一种更为直接的训练和培养他们跨文化敏觉力的高效方式。一个西班牙的女学生,来中国留学以前是空姐,来中国几个月后她说她好几个朋友也准备来中国学习了。在她没来中国学习以前,她和她的朋友们都以为中国还没有通电,没有电话、电视机,甚至住的还是古旧的土房子,更别说电脑这样的高科技了,所以他们觉得来了会非常不方便。这些都是由刻板印象造成的,阻碍了他们来中国学习和交流,但是由于那位西班牙空姐学生亲身体验了中国的现代化以及中国文化带来的乐趣,所以扭转了她和朋友们对中国的刻板印象。

综上所述,无论是为了克服刻板印象和民族中心主义带来的两大交际障碍,还是旨在培养交际者对语言背后文化的解读和参悟,形成较强的跨文化交际敏觉力,都需要课堂上教师有意识地进行文化对比教学和其他形式的文化拓展讲解,更需要尽量给学生创造跨文化交际训练和实践的机会,这样才能让他们树立良好的自信心,能够在具体的交际情境中调适自我,从容地应对交际中出现的各种复杂状况,最后顺利实现交际目标。

二、培养跨文化认知能力

跨文化认知是指交际者对他国具有独特风格和内涵的文化要素及文化特质等方面的认识和了解,本质就是学习与把握异国文化。文化认知过程随年龄的增长会不断变化。培养跨文化认知能力不但包括培养交际者跨语言交际能力，还包括培养交际者的跨文化交际能力。语言交际与文化交际是不可分割的，语言交际是文化交际的一部分，它为文化交际服务并反映着文化交际。跨语言功夫和跨文化功夫也是相辅相成的。跨语言功夫除了包括对目的国语言的巧妙选择和熟练运用外，更重要的是对语言背后文化的解读和参悟，也就是在语言教学中渗透文化分析，培养学生逐渐深谙他国语言背后与自身语言不同的文化密码，以利于交际语言的选择和交际的顺畅。培养跨文化认知能力首先要加强交际者的语言功夫，在教学中要使语言教学与文化教学齐头并进，在输入语言基础知识的同时，也不忘相关文化知识的输入，从而加强学生对文化差异的熟识、理解和评判，以提高学生对文化差异的敏感性和跨文化意识。语言功夫主要体现在用词、句子陈述与主题选择的适当性上。

在跨文化交际语言能力的培养上，首先应该重视的是词汇层面。词汇是语言的基石，也是很多学生学习语言的难点。每种语言的词汇中都蕴含着丰富的文化信息，是该语言中最活跃的成分，也是文化最精密的汇聚点。词汇本身的新陈代谢映射了相关文化的发展信息。因此，教师在单词讲授的过程中，穿插一些跨文化交际知识，既有利于培养学生的跨文化交际意识，又能让枯燥的词汇学习变得生动有趣。讲解词汇时将相关的谚语、典故、名句等融入课堂就不失为一种有效的方法。比如，在高级班汉语课上讨论"朋友"主题时，可以引入"有福同享，有难同当""患难之中见真情"以及"在家靠父母，出门靠朋友"等中国著名的谚语和名句，也可以顺势讲解《三国演义》中桃园三结义的故事。这些谚语、名句和历史典故反映了中国"义"文化，既能够增加学生对汉语的兴趣，又可以延伸词汇后面的文化知识，同时也能够促进留学生反观自己文化中"朋友"的含义及其与汉语的差异，这样的词汇教学自然会增强学生的跨文化意识。

除了词汇教学以外，句子陈述的跨文化培养也很值得重视，老师在课堂上讲解句子的时候，不但要讲解此种句子的语体风格适合在什么场合下使用，还要分析这种句子适合用在什么身份的交际对象上。句子的语气也是举足轻重的，比如，请求语气的句子适合与长辈说话或者请教别人帮忙时，而命令语气的句子则是用在命令下属或者孩子，如果没有掌握两种句子的区别而把语气用反了，在跨文化交际中很容易引起文化冲突。

另外，句子通顺与否、语法是否正确等也是教学中需要注意和训练的部分。在语法学习中领悟他国文化，要注意比较外语语法与汉语语法的异同点，不要受汉语思维特点的制约；同时，在学习语法结构时，要强调其文化和交际功能。如"Lovely day, isn't it ?"只是英美人发起话题的常见语句,实无疑问。"Would you please turn off the light ?"不表问而是表请求。西方人提出的请求常用问句,以示礼貌,但长辈对晚辈或熟人之间可用祈使句。最后,谈话中主题选择的适当性同样不容忽视,这也是对语言应用能力的一个综合性考验。在拥有了词汇层面和句子陈述等方面的跨文化交际基本能力后,交际中的谈话主题是否得当、是否符合交际双方共同的交际需求、是否能引起交际双方的共鸣、是否需要继续深入谈下去还是转换为更有价值的主题,这些都需要学习。教师应在教学中通过具体的教学情景的设置、相关教学视频的播放,适时训练、引导和鼓励学生在跨文化对话中对谈话主题进行恰当选择和适时转换。

培养跨文化认知能力除了要培养交际者的跨语言认知能力外,还要培养其跨文化认知能力,即跨文化意识。培养跨文化意识的第一步就是要让交际者消除偏见和歧视,认识到文化没有优劣之分,以平等的心态对待各个民族的文化和人。培养跨文化意识的第二步就是拓展交际者的跨文化知识和眼界,树立多元文化心态和宽容的文化态度。培养跨文化意识可以通过以下途径来实现:

(1)在语言学习的听、说、读、写各种技能训练中,首先,通过阅读外文资料感悟外国文化,在阅读中,多了解他国的科技、地理、历史和风俗等,熟悉他们的表达方式和风格,消除因文化知识不足而导致的理解障碍。其次,在外语听力中领悟他国文化。听力材料一般都是模拟的真实对话情景,因而听力训练过程就是一个跨文化意识培养的过程。要让学生知道交际中哪些话题应该避免,比如,年龄、婚姻、薪水以及家庭住址等私人话题不应该作为话题。再次,在听的基础上要积极发言,主动参与跨文化交际活动,以提高自己在跨文化交际中的表达能力。最后,通过写作提升外国文化知识的内化和运用。在写作中,要充分意识到中外文化的差异,让人看到流畅、地道、连贯的外语文章,从根本上提升跨文化交际的综合能力。

(2)在外语活动中体验外国文化,主动结交各国朋友。例如,组织外语角、学唱外文歌、看影视材料以及编演外语剧等。在这些活动中,学生身临其境地体验真实的外国文化,了解他们的风俗文化和民族禁忌。同时,教师应帮助学生分析自己文化中哪些方面对自己有利,哪些不利,然后再分析目的语文化,分析其中哪些方面本族容易适应,哪些不易适应且易引起文化冲突,从而有意识地改变自己的行为模式,以利于跨文化交际目标的实现。

(3)在各种旅行活动中,主动积极地营造跨文化交际的机会。总之,我们对文化差异了解越多、体验越多,越容易对他国文化采取接受和宽容的态度;同时,移情也有利于培养对文化差异的宽容性,我们一旦能从对方的角度考虑问题,就已经具有很强的跨文化意识了。

三、培养跨文化行为能力

其实,无论对跨文化敏觉力的培养,还是对跨文化认知能力的培养,最终都是为了使交际者在跨文化交际中进行灵活交际,也即是跨文化行为的灵活性,这三者不是截然分开的,而是互相依存的关系。跨文化敏觉力的培养包含跨文化认知能力和跨文化行为能力,而跨文化认知能力的培养中也融入了跨文化行为能力,而跨文化行为能力的培养势必以跨文化敏觉力和认知能力的培养为基础,并且是对这两种能力的一种巩固和融合。

跨文化行为能力即跨文化行为的灵活性,是跨文化交际能力的核心要素。它首先包括交际者能够根据交际双方的文化背景和个性特点,灵活地调整自己的交际策略和行为,尽量向对方的交际规则靠近(以不违反自己的交际原则为前提),减少差距,营造和谐的交际氛围。同时,灵活处理因文化差异引起的文化冲突,在处理冲突时,交际者要善于运用恰当的语言阐明自己的文化困惑,介绍本族文化的行为规范,弄清对方的文化习俗,找出冲突的解决途径,达成共识,完成交际任务。根据美国学者陈国明在《跨文化交际学》中所述,跨文化行为能力包括信息传达技巧、自我表露技巧、行为的灵活性、互动管理以及认同维护技巧等五方面。学生学习了跨文化行为能力的五个要素之后,教师分阶段、有层次地组织跨文化实践是培养学生跨文化交际行为能力最有效的途径。

(一)跨文化交际角色扮演

首先,角色扮演是教师在条件有限的情况下采取的一种跨文化虚拟实践,角色扮演可以分成两人组角色扮演或多人组角色扮演。两人组角色扮演要求两人分别扮演不同文化国的两个具有一定职业身份(或者学生身份)的交际者,模拟一个实际生活或工作场景,基本设定交际流程主线,留出适度自由发挥的空间,完成一定的交际任务。多人组角色扮演除了在交际者人数上有所增加外,还可以分为两个文化国或多个文化国之间的跨文化交际。多个文化国交际背景相对复杂,因此多人组角色扮演应该在两人组角色扮演训练到一定程度的时候开展,学生能阶段性地增强跨文化行为能力。角色扮演的目的,在于让学生经由模拟的过程,面对并尝试解决跨文化交际中可能碰上的问题和障碍,通过信息传递、自我表露、互动管理以及移情等行为的训练,提高跨文化交际行为的技巧,增强跨文化行为能力。这个方法的优点在于把学生从旁观者变成参与者，使他们能够在模拟的跨文化环境中，亲身体验另一种或多种跨文化交际。

（二）跨文化交际互动实践

组织本校留学生和被训中国学生进行实际的跨文化交流，布置一定的交际任务，根据交际任务需求提供交际场所，并提醒中国学生注意跨文化交际能力五方面的技巧，通过见面、认识、交流过程，老师观察学生在交际中的困惑、问题、冲突以及解决问题时学生表现出的焦虑或灵活行为。同时可以在学生不知晓的情况下把他们的交际行为摄录下来，在课堂上回放，有些交际失误学生会在观看中意识到，有些需要老师点出后给学生讲解，这样一个学期组织几次交际实习，每次针对不同的重点交际问题进行现场交际，学生的实际交际行为能力自然会得到提升，交际行为更加灵活，交际效能更高。在互动过程中尽量使用描述性、支持性的信息。描述性的信息指使用不妄加判断的态度，给对方明确、具体的回馈；支持性的信息指沟通时同意或支持对方的看法并以点头、注视等动作技巧奖赏对方论点的能力。互动实践的优点是来自异国的交际者比本国角色扮演者能够带来更真实完整的异国文化信息和行为形态。

中国与世界的跨文化交际日益频繁，除了和本校留学生进行一定的跨文化交际实践外，教师和学校还应该多鼓励学生积极参加国际会议或跨国活动，尽可能提供学生相关方面的信息和机会，以增加学生跨文化交际实践的机会，让学生在实践中去体验和认知文化差异，进一步提高自身处理文化差异的灵活性。这些建议的实施必然能促成学生的跨文化交际能力和综合文化素质的实质性提升。跨文化交际能力的形成有其阶段性、层次性，因此跨文化交际能力的培养也不是一蹴而就的，而是由表及里，由浅入深，不断发展、深化的过程。教师要针对不同层次设计不同的教学方法和侧重点。

总之，我们应当使学生意识到不同文化背景的人们惯用的言行交际方式，加深学生对不同文化背景的人们通常行为的了解，并把它们与受自身文化影响的行为联系起来，加深学生对自身文化的意识以及对不同文化、不同道德标准的人们的理解，深入了解不同文化背景的人们的日常生活模式、言语及非言语行为方式以及具体情境的行为原则。具体而言，我们要着重培养外语专业跨世纪人才的外语能力来应对21世纪的挑战。

1. 大学外语教育重点体现文化素质教育

语言是人类文化和知识的载体，因而外语教学是实施文化素质教育的一个重要途径。语言知识和语言技能的教学是需要通过学生的实践才能完成的,学习的效果在很大程度上取决于学生的主观能动性和参与性,因此。大学的外语教学更强调教师的指导作用。作为课堂教学活动的组织者和实施者,教师应该最大限度地调动学生的主观能动性和参与性,目的是使学生成为课堂教学的真正参与者和合作者。在外语教学的实践中,效能兼顾的教学方法可以提供大量的语言知识点和文化着眼点的有效输入,同时营造轻松愉悦的学习氛围和课堂文化环境,在这个基础上,充分调动学生主动学习的积极性,从而引导学生在培养有效的学习方法的同时,同步提高自身所习得语言的相关文化知识储备。

必须注意的是,所习得的外语可以用来获取信息,也可以用来了解世界各个国家和各民族的历史文化、社会习俗、政治环境、风土人情等多方面的知识。更重要的是,在文化素质教育中,绝不能忽视母语的学习,良好的母语能力是学好外语、提高文化素质、培养跨文化交际能力的基础。

2. 教学中正常地发挥教材的作用

外语学习的教材选择同样是一个不能忽视的方面。一部好的教材指的是既包含所学习外语的语言知识,又包含其语言的运用知识和文化背景知识,对此,我国外语界人士都已经充分认识到文化在跨文化交际语言使用中的重要性,各大高校的外语专业都相继开设了英美概况、英美文学、哲学等课程,在提高学生学习外语能力的同时,扩大学生的视野。但略有缺陷的是,上述所提到的文化教学大多是关于英语国家政治、历史、文学、经济等方面的知识,即"成就文化",而对于在外语实际性的交际活动中受文化影响最大的"行为文化"(behavior culture)涉及的是少之又少,甚至是根本没有,导致的结果是跨文化交际能力的课程改革已经是迫在眉睫、箭在弦上,必须马上制定相关的课程安排,并将改变付诸课堂的实践教学中,如此培养的外语专业的毕业生才是跨世纪的人才,才能顺应时代和社会发展的需要。

在课堂教学的实践教学活动中,授课教师在关注教材内容的同时,也要采用切实可行的教学方法,使书本上静态的语言素材活泼起来,通过事实例句,引导学生发现母语和所习得外语的相同点和不同点,认识两种不同语言中所隐含的不同文化和价值观念。在这个基础上,让学生自己总结并且真正认识到语言深层的交际是使用得体的语言形式进行交际,而不只是语言形式的交流。授课教师要时刻牢记教材是课堂教与学的基础,是为教学服务的。通过教材提供的语言素材,师生采用教、学互动的方式,提高课堂知识输入量,在有效的时间内吸收国外优秀文化的精华。

3. 课堂上培养学生的自我完善意识

交际能力主要由语言能力和文化能力组成。在潜心培养学生文化能力的同时，并不意味着放弃或是放松语言能力的学习。语言知识是语言技能的基础，没有扎实的语言知识就不可能获得较强的语言技能；而语言技能的提高也会促进语言知识的加深、理解和巩固。在掌握语言技能的过程中，应正确处理准确与流利的关系、阅读与其他技能之间的关系。在进行听、说、读、写、译的技能训练时，应用语言知识的准确性和应用语言技能的流利性往往会产生一定的冲突，但准确和流利不应处于对立状态，它们其实是一个硬币的两面，互相依赖。准确是流利的基础，流利则是准确的提高，若没有流利，准确只是空中楼阁，根本谈不上能进行有效的口、笔译交际。从语言学习规律来看，语言技能的娴熟与否直接表现在语者交际能力上。听、说能力的提高是获得语言交际能力的基础，大量的语言输入是直接建立在听和读的基础之上的，同时，说、写、译是对语言素材深层次的应用和消化，语言知识也一步步地得到巩固。

在语言教授学习的过程中，教师应积极引导学生自己归纳、总结知识，培养学生主动学习的能力，耐心地指导学生怎样在学习过程中通过上下文来记忆和巩固学过的单词。总之，教师应该随时注意培养学生的语言意识、语言学习意识、跨文化交际意识以及主动通过实践获取知识的意识，这样一来，学生在学习英语的时候，并不仅仅是学习语言，他们同时也在学习如何学习。英语的学习过程也成为一个人获取语言能力、交际能力、文化能力和跨文化交际能力的过程。

外语教学的主要目的是培养学生的交际能力，而不了解所习得语言的国家文化不可能真正具备跨文化交际能力。因此，在培养学生跨文化交际能力的过程中，应该让学生尽可能多地涉猎一些文化交际方面的书籍，鼓励他们与不同文化背景的人们进行交际。不断培养和提高学生的跨文化意识和对不同文化的敏感性及理解性，这样就能既学习语言又学习文化，从而成功地实现跨文化交际活动。

第三节　跨文化交际意识的培养

跨文化交际意识的培养对于英语教学具有重要的意义。因此如何培养学生的跨文化交际意识成为当前英语教学的紧迫任务。

一、跨文化交际意识的内涵

美国加州大学伯克利分校的克莱尔·克拉姆斯克（Claire Kramsch）在英国布赖顿举行的第 31 届国际英语教师协会年会（1997）的讲话中指出，外语教学长期以来被认为是一种文化认同和文化同化的过程。而事实上，学生对这种文化认同往往在情感上很难接受，而且目的语社会事实上也不会在文化上接受所谓同化了的外语交际者。她认为英语并不是一种自我封闭的文化实体而一定要学习者去适应它，不同文化背景者讲英语会有不同的文化感受。外语交际过程事实上是在构建一种既不同于目的语也不同于母语的新的社会文化认同感。

感谢克莱尔·克拉姆斯克从目的语社会的角度提醒我们重新认识并思考英语教学中的文化教学问题。显而易见，人家并不要求也不认同我们的英语学习者成为黄皮肤的老外。就连历来被认为是最保守的英国，近几十年来也发生了很大的变化。有人认为，英国已经从纠缠于帝国情结的社会变成欧洲最适宜各种文化发展的社会，已经从极端内向和孤立的社会变成日渐国际化的社会，因此，我们的跨文化教育的重点应该是"增强意识"而非"认同采纳"。在英语已成为国际通用语的今天，我们根本无法通过认同采纳某一种文化而畅通无阻地与世界各族人民进行交流，唯有提高学生跨文化交际意识才是解决这一难题的有效途径。

那么，究竟何谓"跨文化交际意识"？作为学科教学目标的组成部分，跨文化交际意识不单纯指对异文化的敏感性。从我们所处的特殊历史时期外语教育最根本的培养目标来看，跨文化交际意识至少应有如下内涵：

1. 文化平等观

这涉及怎样看待自己的文化和人家的文化这样一个复杂的问题。由于近代西方社会的快速发展，我们的青年学生容易艳羡西方高度发达的物质文明，认为人家什么都比我们强，"连外国的月亮都比我们的圆"，不知不觉中滋长出一种崇洋心理，看不起自己的文化，极端者竭力模仿西方文化，尽力断绝与母语文化的关系，其结果既不为目的语文化所接受，也失去了同母语文化的认同感，成了没有文化归属感的文化流浪汉。也有少数人盲目陶醉于祖国五千年灿烂的文明史，排斥优良文化以外的任何其他文化，唯我独尊，其结果是自我封闭，拒绝合作。这两种态度均不可取。外语学习者首先须树立起文化平等观和语言平等观：承认各民族文化及语言皆具合理性。在跨文化交际出现困难和误会时，"我们应该努力把言语不通变为声入心通，应该尽量消除误会。可是，我们绝不能归咎哪一方，绝不能认为哪一方的文化更好，语言更美"。上述问题事关交际双方的合作诚意，是跨文化交际顺利展开的前提。因此，跨文化教育中首先要解决的问题便是帮助我们的学生树立文化平等观和语言平等观。

2. 理解

这里所说的理解并不限定于理解某一特定文化中那些不同于母语文化的文化现象，也不是力求获得对世界各民族文化的了解，事实上这是不可能的。人类学家告诉我们，价值观念是文化的核心，它与文化的其他部分的关系犹如纲与目的关系。北京外国语大学朱维芳和萨拉·弗伦霍尔姆（Sarah Frenholm）最近对中国学生与外籍教师在课堂内外交往中所发生的"文化差异"现象的原因进行了调查，结果显示，社团价值至上（东方文化）和个人价值至上（西方文化）的差异是引起文化差异的主要原因；并发现有"部分学生已经能够变换视角，跳出社团价值至上观的束缚，用个人价值至上观来看待如何评价外籍教师的所作所为。他们对某些行为不仅能理解，还加以赞扬"。我们认为，所谓理解，便是指在跨文化交际中，交际双方变换视角，跳出自我文化价值观的束缚，以对方文化的价值观来看待和评价对方的所作所为，容忍、尊重并理解别人与自己的不同。此为跨文化交际得以顺利进行的保证。

3. 传播文化

吴宓先生为清华大学外文系制定的五个培养目标之一便是"汇通东西之精神思想而互为介绍传布"。许国璋先生一再批评那些没有知识、没有看法、不能连贯地谈论正经事、只会几句干巴巴英文的外语鹦鹉。其实，跨文化交际者更重要的身份是文化使者：在向国人介绍引进世界先进文化的同时也向世界传播中华文化。有一件事对我们颇有启发，1997 年在南京召开的国际企业营销报告会上，来自世界五百强企业的营销专家登台时，全部操着流利的汉语，记者就这一现象进行采访，对方的回答发人深省：21 世纪的世界在中国，世界大企业要获得更大的发展，必须与中国一起发展；当中国提出与世界接轨的时候，许多世界大企业提出，世界要与中国接轨。由此可见，通过跨文化教育培养学生传播中外文化的使命感，让中国走向世界、世界走向中国，完成时代赋予我们的重任，已迫在眉睫，刻不容缓。

4. 融合文化

首先需要说明的是，在跨文化交际过程中，文化的交融不是一个孤立的过程。实际上，它产生于理解，丰富于传播。把它单独立项，不只是为了讨论方便，更重要的是帮助学生树立起科学的、符合历史发展规律的文化发展观。一方面为丰富祖国文化遗产和推动世界文明进程做出贡献，另一方面通过文化的流通和交融造就新型的现代化人才，这实质上是现代化教育的根本课题和目标。

任何一个民族如果只固守自己文化的纯洁性,不学习其他民族文化的先进成分,不但不会发展,还会倒退。

让我们引以为傲的华夏文化,在几千年的历史长河中,同周边的兄弟民族频繁交往,互通有无,不断融合。一方面,从兄弟民族中吸取文化营养,发展自己;另一方面,把自己的先进文化传播、渗透到兄弟民族中去,使其"同化",共同发展。不仅如此,我们的祖先还跋涉崇山峻岭去"西天"取经,远渡重洋去亚非国家经商或进行文化交流。正因为有了这样的融合,才有了我们今天历时几千年不衰的华夏文化。

再看中国的元代(1279—1368),被誉为一代天骄的成吉思汗,疆土扩至西亚,直逼欧洲,可谓强盛至极。可元代统治者把人民分为四等,歧视汉人,拒绝汉文化,一方面促成了其统治的短命,另一方面也失去了发展丰富自身文化的绝好时机。而中国历史上另一个少数民族统治的命运就大不一样了:满人入关后,注意吸收、同化汉文化,其统治长达三百年,更重要的是满文化在与汉文化的融合中获得了更广泛的影响和更持久的生命力。当然,元、清两代的兴衰不能如此简单地评说,可它们的不同命运与其对异文化的两种截然不同的态度绝不是纯粹的巧合。

当然,文化融合既不是盲目地"拿来",也不是粗暴地取代,更不是单向地、彻底地同化或被同化,而是在与不同文化的交流、沟通中,注意吸收世界各民族文化的长处以丰富、发展自己,确保在世界文化之林中立于不败之地。

另外,在世界变得越来越小的今天,人类还满怀着一个美好的愿望,那就是希望各种文化能通过逐步的沟通、宽容、互补而获得对利益和价值的共识,建立起统一的"文化场"。当然,由于民族—国家的现实,目前这种愿望还只是一种理想,可理想的实现需要现实的努力,面向未来的教育说到底也是为实现人类未来理想所做的现实努力。如此看来,培养学生的文化融合意识尤其体现了跨文化教育的现实意义与外语教育的未来观的统一。

上述讨论归根结底是帮助学生形成一种对文化的信念与态度。跨文化交际意识的培养,就其本质而言,是帮助学生形成对文化的科学的信念与态度。我们知道,信念贯穿并制约着人格全体,它操纵人的意识与行为,是人格的核心部分。因此,根本的信念与态度在整个教育目标的导向作用中起着实质性的基准功能。从这个角度去认识外语教育中的跨文化教育,才能最大限度地挖掘学科教学中的教育内涵,有效地在专业教学中实现二者的辩证统一,与学校其他一切外显的、隐蔽的课程和谐结合,促进学生人格的全面发展。

二、跨文化交际意识的培养

英语教学中跨文化意识的培养问题，是正确处理语言教学与文化教学关系的重要"软件"建设之一，它的重要性和必要性是不言而喻的。在过去相当长的一段时间中，由于种种原因，我国英语教学中重语言形式、轻文化因素现象在教学的各个环节都相当普遍，从而使相当多的教师形成了较为固定的思维定式和教学模式：注重的只是学生对语言形式的掌握是否正确，或语言使用是否流畅，而较少注意学生跨文化条件下语用能力和行为能力的培养。自 20 世纪 80 年代中期起，随着语言与文化研究领域大量新理论、新概念的引进，以及新的语言学理论在教学中逐步应用，我国英语教学界对文化教学在英语教学过程中的重要性和必要性的认识有了长足的提高，甚至可以说是质的飞跃。然而，认识的提高并不说明我们已经具备了这方面应有的素质。重视英语教学中文化因素的教学，重视学生跨文化交际能力的培养，不是靠"有意识"或"有意注意"就能顺利实现的，这里还有个如何上升到"无意识"或"无意注意"高度的问题，即跨文化交际意识的培养问题。所谓跨文化交际意识的培养，主要是指如何用现代语言文化学理论的基本观点来指导具体教学，使教学内容、教学方法和教学过程符合培养目标要求。这无疑是摆在教师面前的重要课题。

培养跨文化交际意识，实际上是要建立现代英语教育的一种新理念。显然，高素质英语人才的培养，需要有新的教学内容、教学方法和新的教育理念予以支持和保障，否则，培养目标的实现就会成为一句空话。

从英语教学的性质、规律以及跨文化交际的具体要求来看，培养师生的跨文化交际意识，主要有以下六方面的内容：

（一）师生双主体意识的培养

教学的过程是作为"教"的主体的教师和作为"学"的主体的学生双向交际的过程，离开两主体的双向交际，而只局限于其中的任何一方，就难以有效达成教学目的。跨文化交际意识的培养也是如此。过去往往只调整教师主体在教学中的主导作用，而忽视另一学生主体的积极性和创造性，实践证明是百害而无一利的。因此，我们说跨文化交际意识应该是一种双向的意识。不但教师要有，学生更应该有，从而使教师既是语言教师，同时还是文化教师；学生既是学语言的学生，也是学文化的学生。

（二）交际意识的培养

交际是语言最基本的功能，也是英语教学的实质体现。跨文化交际脱离交际这一英语教学的核心，就失去了其存在的意义。倘若教学中的师生两主体缺乏强烈的交际意识，即不从交际的目的以及交际的形式出发去理解和把握英语教学的全过程，势必会削弱教学基本功能的发挥，影响学生跨文化交际能力的生成和提高。从教学内容和教学形式上看，就会有意无意地走"老路"。把注意力集中在纯语言知识的掌握或纯语言形式的教学上，而不去注重学生跨文化条件下综合运用语言能力的培养。因此，我们认为培养交际意识是首要任务。

（三）文化对比意识的培养

文化对比意识是指对目的语与母语、目的语文化与母语文化进行对比的意识。唯有对比方能发现差异，方可有的放矢地进行语言与文化知识的教学。对比不能仅限于表层的形式对比，还应该有深层的内涵对比；不仅要进行语言的对比，还要有非语言的对比；不仅要进行语言、非语言形式与意义的对比，还要进行言语交际行为的形式与意义对比。对比的目的主要是发现异同，以便跨文化交流顺利进行。

（四）对文化敏锐的洞察力

语言或语言使用中包含着许多文化因素，有些是显性的，但更多的是隐性的，属深层次的文化背景知识。教学中若对此缺乏应有认识，就难以揭示语言中深刻的文化内涵。这就要求我们对文化因素要有相当高的敏感度，尤其是对文化相关现象的洞察，切不可被貌似相同的形式和相同的意义等表面现象所迷惑；另外，洞察意识还要求正确区分出教学中两种不同功能的文化因素，即什么是知识文化，什么是交际文化，以便有针对性地进行交际文化教学。当然，是否有洞察意识还取决于师生两主体本身文化素养的高低。因此，只有大力提高自身的文化素质，尤其是两种语言与文化的素质，才是确保具备洞察意识的关键。

（五）文化鉴别能力

它包括两方面：一是去伪存真，二是去粗取精。所谓去伪存真，就是从纷繁多样的文化因素中，去掉虚假的、表面的东西，而保留真实的、典型的东西。也就是说，对于交际文化因素要选择那些具有真实和典型意义的部分，即能如实反映所学语言国现实的材料，而不是虚假的或孤立的、属个别现象的材料。所谓去粗取精，就是通过有目的的选择，除去文化因素中消极的糟粕的部分，而留取积极的、精华的部分。这一点对我们来说至关重要。因为语言除有交际功能、文化载体功能外，还有特有的教育教养功能。我们切不可不加分辨，一味地照搬照抄。对于西方文化，应有足够的鉴别能力。

（六）存我意识

西方语言教学界曾流行这样一句话：一旦学了一种英语，你便再不是原来的你了。它说明这样一个事实：英语教学中通常会出现"文化化"现象，即自觉不自觉地用目的语文化的思维方式和表达方式来"规约"自己的言语行为。究其原因，是"学习英语几乎每时每刻都要理解生活在另一种文化中的人"（Brown，1980）。当然，单从掌握语言的角度看这是对的，也是英语教学的目的所要求的，但若从文化角度看就不一定合适了。失去自我文化而一味地追求目的语文化，绝不是正常现象。我们说跨文化交际是语言与文化的双向交际，但完全失去"我"文化的交际岂不变成了单向文化交际？因此，我们认为英语教学中保留一定的自我文化是必要的，大可不必牺牲自我文化而求取目的语文化。在这方面，教师要进行正确引导，使学生具有"存我意识"。

第十章　跨文化大学英语教学建议

第一节　对大学英语培养目标的建议

《大学英语课程教学要求》提出大学英语的教学目标是培养学生的英语综合应用能力，特别是听说能力，使他们在今后工作和社会交往中能用英语有效地进行交际，同时增强其自主学习能力，提高综合文化素养，以适应我国社会发展和国际交流的需要。大学英语课程不仅是一门语言基础课程，也是拓宽知识、了解世界文化的素质教育课程，兼有工具性和人文性。因此，设计大学英语课程时也应当充分考虑对大学生文化素质的培养和国际文化知识的传授。

一、在大学英语教学大纲中明确母语文化和目的语文化的定位

借用梁启超先生划分中国史的方法来明确大学英语教学中母语文化的定位。梁启超先生的《中国史叙论》作为中国通史的纲领，将中国史划分为中国的中国、亚洲的中国和世界的中国三段。中国的文化之所以成为中华文化，是在中国的主要人口发展了成群的共同意识之后，秦汉帝国四百年的熔铸将"中国之中国"定型，在东汉之后，外族入侵加上佛教传入，中国始终有外围的挑战，实际已是亚洲之中国。"世界之中国"始于清乾隆末期或者还可以更加提前。许卓云先生指出如果中国在"亚洲之中国"阶段就能发展出与其他文化共存平等的心态以及对其他文化的尊重与认识，则中国在进入"世界之中国"时不至于心理上毫无准备而一败涂地，今天的中国人已经认识到中国只是世界的一部分，中华文化只是在人类文明中占了一席之地而已。

大学英语教学的内容要以母语文化为基础，这是学生在跨文化交际中的立身根本，但在大学英语的课堂中进行母语文化教学超出了大学英语教学的要求，也不是大学英语教学单独可以完成的，因此在大学英语教学中的母语文化内容以母语文化内容的英译即如何表述母语文化内容为主，同时进行母语文化与目的语文化的对比。

大学英语教学中要涉及其他文化的内容，英语已经是一门公认的世界通用语。

除了以英语为母语的国家之外，亚洲、大洋洲、太平洋、加勒比海的很多国家将英语指定为官方、准官方或工作语言。在这种状况下，数百万学生学习英语，把它作为全球性的国际交流语言。拿中国的亚洲邻居来说，印度、新加坡都通用英语，日本、韩国、马来西亚的英语普及率也很高。全球化的今天，英语已不仅仅被用来与以英语为母语的人士交流，大学生还可能使用英语与来自其他国家的人士交流，因此大学英语教学的内容在新形势下还必须扩展，但是限于大学英语的课时和课本的容量，所以这部分内容可以作为选修、泛读，或课外阅读的内容。

大学英语教学中目的语的文化学习是重点，学习目的语文化是掌握目的语所必需的，同时学习目的语文化能让大学生意识到自己的文化身份，这也是学生建立文化身份的途径。只有在深入了解目的语文化的基础上，学生才能更深刻理解母语文化，才能理解中国历史和文化是整个世界的历史和文化的一部分，才能理解自己不仅仅是中华文化的传承者，也是世界的一分子，是世界文明的延续者。他们不仅要知道孔子、孟子的智慧，也要了解柏拉图、孟德斯鸠的思想精髓，他们不光要知道中国几千年的史实，也要了解世界几千年的发展。这也正是外语教学的桥梁作用，不是让中华文化与西方文化对立起来，或者简单地以民族自豪感取代文化交流中自由和实事求是的态度，而是让学生明白母语文化和目的语文化不是分隔的和对立的，要能从不同的历史和文化中吸收养分，让学生成为跨文化人。理解另一种文化会给予你一个站立的位置，在那儿你能更好地观察你自己的文化。

二、大学英语教学大纲的培养目标和教学中要让大学生达到和具备三个层次的程度和能力

第一层次：让学生能自如地表述自我和母语文化，具备用英语表述母语文化的能力。对于西方人来说，中国人和中国的文化都是"文化上的他者"，如何避免西方将中国的民族文化和民族自我淹没在西方式的话语中，就必然依靠中国人对自我文化的阐释和表述，就如著名的大陆地区电影导演张艺谋，他对母语文化的大胆表述为他赢得了国际声誉，大学生就要像他那样，用西方人能够理解的方式表述自我以及自己的母语文化。

第二层次：让学生能够深刻理解目的语文化的深层内核，具备对目的语文化的理解能力。对于学生来说，目的语文化也是"文化上的他者"，如何避免将目的语文化"他者化"，如何避免文化障碍是大学生学习的主要目的之一。就如著名的香港地区电影导演吴宇森，他在好莱坞拍片时所表现出的对美国社会规则、话语体系、意识形态的理解不亚于美国本土的导演，吴宇森的电影从形式和内容上都受美国文化的

认可,在好莱坞赢得了很高的声誉。大学生应该像他那样,做到能够理解目的语文化的深层内核。

第三层次:也是终极目标,使学生成为"跨文化"的人。因为学生所具有的"他者"身份,他们可以有意识地与目的语文化价值观保持距离,可以从"他者"的视角来审视目的语文化。指出西方人习而不察地对"他者"的冷漠,不但可以令西方人反省自己的文化,也能为自己争取到"话语权";同时学生的"他者"身份也为自己提供了一个认识自我的参照,从"他者"的角度看母语文化会让学生进入反思"自我"的旅程,学生能重新认识习以为常的社会。"跨文化人"可以使学生以他者的眼光观察母语文化和目的语文化的社会、历史、价值观等,"他者"的优势就是"旁观者清""只有旁观者能纵观全局",通过这样对文化的观察,学生学会反思两种文化模式,重新审视两种文化中的社会价值观,能够更深刻和批判性地认识自我,同时在这一过程中学生能建立文化身份,弥合西方与东方、他者与自我。就如著名的电影导演李安,他在《卧虎藏龙》中用西方人的视角来表现中国的武侠和功夫,在《断背山》中又用"他者"的视角审视美国社会对"异类"或"异质文化"的漠视和排斥,促使美国人反思美国社会的问题,使美国人批判性地重新认识自我。前者为他赢得奥斯卡最佳外语片奖,后者为他赢得奥斯卡最佳导演奖,在好莱坞的文化霸权中李安真正获得了话语权。大学生就应该能够从边缘的视角审视两种文化,弥合起两种文化,从两种文化中吸收养分。

哈佛大学前校长德雷克·博克说:"教会学生如何在这个多元社会中生活,是大学义不容辞的责任。"在人的身上,没有哪一样东西比语言更能包容起整个族类。语言具有把各个民族分隔开来的特性,但也正是这种特性,使语言得以通过不同话语的相互理解,把个人差异统一起来,同时并不损害他们的个性。人类所付出的许多努力,都不能充实心灵;如今宗教和文明肩负着开拓的使命,而通向成功的钥匙则掌握在人所固有的语言手中。学习母语或母语文化并不仅仅是让大学生通过考试或者应付日常生活,而是要让大学生拿起汉语或古汉语的书籍与自己的祖先对话,吸取先哲的智慧。学习英语不能仅为通过 TOEFL、IELTS、GRE 考试,而是让英语成为一座桥梁,当学生拿起一本英文著作时,就可以与西方文明中的智者对话,进行思想的碰撞。从他者的角度看到母语文化的优势与弱势,从他者的角度审视目的语文化。大学生能够成为跨文化人,在两种文化中搭起一座桥梁,使母语文化在面临西方文化的挑战时,不至于成为一个曾经辉煌但逐渐逝去的堡垒,而是在继承中,在两种文化的交流发展中重新焕发光彩。

第二节　对大学英语教材的建议

一、增加通识教育内容

早在 1828 年耶鲁报告就指出以心智的训练、人文价值作为外语学习的存在和理性基础,大学的功能是训练学生的心智,拉丁语和数学是达成该目的的最好工具。如果学生能够掌握这样系统的、有序的、完整的知识体,就掌握了一个可以应用于其他不完整科目的思想体系,学习这样传统的、有序的科目可以给学生一个完整的知识体系,用以在其他科目中追寻知识。"外语教育是人文博雅教育的一个重要组成部分,源于古典教育的外语教育并非单纯的语言学习,还包括语言所承载的知识与文化,通过语言及其承载的文化,外语教育成为人文教育的核心。"

通识教育是在大学的人文传统面临专业教育、实用性教育的挑战时被用以实践高校的人文传统,通识教育与博雅教育密切关联,外国语言和文化一直是通识教育的重要组成部分。例如,美国高校的通识教育是其课程体系中最重要的组成部分,而外语教育又是通识教育的一个重要部分。哈佛大学的核心课程规定了十一个领域。第一领域就是外国文化,而外语学习是外国文化领域规定的重要课程之一。耶鲁大学的通识教育要求学生学习人文艺术学科、科学、社会科学三个领域的课程,在人文艺术领域,外国语言和文化课程是完成该领域学习的重要部分。外语学习通过理解、借鉴、包容他国的历史与文化价值从而与大学教育的重要性紧密相连,而这些文化价值又是人文博雅教育的核心价值。因此,外语学习和人文学科联系在一起,语言学习不但具有交际的实际应用价值,更重要的是语言学习与文化鉴赏,与促进和提高分析思考能力、价值甄选能力紧密相连。正是在人文主义思想下,外国语言与文化成为通识教育的一部分。

目前国内对于国外外语教育的研究以美国为主,兼有对欧洲国家语言政策与语言选择的研究,其次是对香港地区的外语教育(以英语为主)进行研究。但是美国和欧洲,尤其是美国,有大量移民,其中很多移民的后代在学校选择其家庭传承语言。例如,"二战"前,美国移民以西欧国家为主,所以法语、德语有大量学生学习,而随着世界各地移民的增多和对语言与身份、语言与人权的关注,其他国家的移民更关注自己的权利,墨西哥裔的学生以学习西班牙语为主,华裔学生以学习汉语为主等。另外,美国设有各种基金会,如犹太民族对学习希伯来语的资助、波兰基金会对学习波兰语的资助等都影响其语言政策和语言选择。美国人因为英语作为世界通用语的地位，对学习其他语言并无太强的兴趣，故此美国人自嘲说讲三种语言的人是 trilingual，双语的人是 bilingual，而只说一种语言的人是 American。

将大学英语系整合进入通识教学部，因为大学英语本身就是通识教育的重要组成部分，而且能够弥补现有大学英语教材的不足，让学生接触到经典作品，同时开阔师生的眼界，促进大学英语教材的改进。对比前文引用的美国大学经典阅读的书单，可以很明显地看出：大学的经典书目更有包容性，尽量包括东西经典、文理兼顾，让学生既能以自我主体为主，又能了解他者，尽可能做到融会贯通。

二、增加母语文化内容即增加中华文化内容

在大学英语教学中，应注意中华文化的表述，帮助学生建立平等的跨文化交际意识。在制定教学大纲时，宏观上的政策要将中华文化提升到与西方文化同等的地位，作为英语教学的一个部分纳入教学计划。在教材的编写中，应将中华文化内容分层次、系统地纳入大学英语教材。通过对母语文化的学习，让学生树立民族自信心，提升民族自豪感，在跨文化交际中树立平等的交际意识，培养学生输出中华文化的意识，保证文化的双向传输。英语教材直接影响着教学内容和教学目的，目前大学英语教材只注重对西方文化的介绍，忽视了中华文化。而跨文化交际中表达的是双向的交际行为，并不仅局限于对目的语文化的理解，还包括与对方的文化共享和对对方的文化影响，因此，增加教材中中华文化内容，是我国大学英语教学需要解决的问题。鉴于中华文化博大精深，不可能面面俱到，因此应选择一些经典的、具有代表性的文章编入英语教材。同时，方式应该多样化，可以把中华文化内容作为课文讲授，也可以作为课外阅读材料，或是作为口语、听力的练习内容。让英语教材发挥培养学生人文素质、弘扬民族文化、提高学生语言能力的作用。

在英语教学中也要融入中华文化，英语教学过分强调学生听、说、读、写能力的提高使英语课变成了单纯的语言技能训练课。这已经不能满足提高学生跨文化交际能力的要求。所以在教学中应改变单一的语言技能训练教学模式，实现真正的文化教学。教师还应该在不同的学习阶段，根据学生程度，帮助学生掌握中华文化的英语表达方法，调动学生积极性，让英语学习者学会用英语向其他国家的人讲述中华文化，让世界了解中国。目前大学英语教师对跨文化交际的认识存在一定的误区，跨文化交际策略、经验及应变能力都有待提高，大学英语教师应有较深的文化功底，还要有较丰富的西方文化知识，兼具母语文化修养。但是，教师自身的中华文化的英语表达能力本身尚欠缺，而这些都会影响教师的课堂教学。要想在英语教学中融入中华文

化，就需要提高教师素质，除了具备语言能力外，还必须具备良好的文化修养，这样才能胜任教学、实现教学目标。因此，要真正实现在大学英语课堂中对中华文化的传承，英语教师就要加强自身的学习，提高自身的综合素质，担负起在英语教学中融入中华文化的责任。在当前中华文化失语的情境下，大学英语教育应该在教学中渗透中华文化，让学生在跨文化交际中保持自身的文化身份，实现有效的跨文化交际。

第三节　对大学英语教学方法的建议

首先，目前在我国大学英语教学中最常见的方法还是语法—翻译法，其逻辑基础在于认为世界上所有的语言都起源于一种语言，各种语言的语法是共通的，词汇的意义也相似，语言之间的区别仅仅在于单词的发音和拼写不同。所以，教授外语就是进行两种语言的互译，词汇和语法的互相替换。语法—翻译法在学完字母、拼写之后，就会教学生系统学习语法、记忆词汇、阅读，其中语法教学始终占有重要地位，因为语法是翻译和阅读的基础。课文中出现需学习的语法项目，配合语法编写的例句和练习，课文讲解围绕语法。但是这种方法忽视了听说，过于强调语法的教学。

其次，较多使用的是听说法，其逻辑基础是美国结构主义语言学，认为语言是说的话而不是写出来的文字，语言是一套形成的习惯，所以需要大量的刺激和操练，语言教学不是教语言的知识。所以听说法以听说为主，反复操练，以形成习惯。听说法十分重视外语思维，完全拒绝母语。但是听说法忽视了语言的内容和意义，以句型为操练的对象，学生也许能说出流利的句子却不能活用语言进行适当的交际。

最后，在国内影响较大的教学法是交际法，强调培养学生的交际能力，将语法项目按照功能和意念进行整理，语法服从语言功能。以学生为主，让学生接触地道的语言而不是紧紧围绕语法知识。但是语言的功能项目很难理清，语法、功能、意念很难融为一体，再者中国教师自己的交际能力尚存有问题，所以影响了这种方法的功效。

一、大学英语教学法现状

（一）教师的教学观念

尽管"以学生为中心"的教学理念已经被越来越多的教师所接受，但真正实践起来还有很大差距。我们发现，几乎所有教师都是按照事先准备好的教案进行教学。讲课中，有的教师准备的教学内容明显偏难，超出了学生的知识范围；有的又太容易，根本没必要讲，但很少有教师根据学生实际调整教学内容。其结果是，一个教师的教学内容太难,让学生感觉云山雾罩;另一个教师的教学内容太简单,让学生无所事事。两种情况下,可以看出教师不习惯从学生学习角度考虑如何设计教学内容和方法。教师备课时大多备的是教材,而不是备学生。所反映出的教学观念是,教师教什么,学生就学什么。教师很少考虑学生需求,因此,学生课上学习积极性不够高。Brown(1994)认为,根据学生需要和愿望组织教学才能激发学生内在学习动力,而提高内在动力是保障学习效果的最佳方法。

（二）教学内容与方法

如上所述,很多教师备课时主要是备教材,很少考虑学生的需求,因此,上课时,他们都是在教教材,而不是用教材教。两者的区别是前者是根据教材组织教学,考虑的重点是教材中有什么背景知识要介绍,有什么语言点、生词、课文难点要讲解;后者是利用教材开展教学活动,考虑的重点是学生可以从教材中学到什么。可以看出,很多教师备课时做了精心准备,从背景知识、生词、语言点到文章结构面面俱到,教学态度更是认真讲解,娓娓道来,一堂课下来似乎讲了很多内容,但仔细想想好像什么印象都没有留下。究其原因主要有以下方面:

(1)教学目的不明确。很多教师没有介绍教学目的,究竟他们备课时是否考虑教学目的不得而知,但至少没有认识到教学目的的重要性。有的教师虽然列出了教学目的,但教学中没有按照教学目的设计教学内容,所以教学目的形同虚设。很多教师承认,他们讲课的教学目的就是讲完某单元课文,很少考虑通过课文学习要达到什么具体的教学目的。

(2)教学重点不突出。没有明确的教学目的,教学内容很容易变成流水账,从生词到课文讲一遍就算完成了教学任务。但学生的记忆有限,不可能将教师讲的每句话都记住,教学内容千篇一律,教师讲得越多,学生越不知道重点是什么。因此,上完课学生感觉没收获。

(3)知识与应用不平衡。《大学英语课程教学要求》(2007)指出,大学英语教学要实现"从以教师为中心、单纯传授语言知识和技能的教学思想和实践,向以学生为主体,即传授语言知识与技能、更注重培养语言实际应用能力和自主学习能力的教学思想和实践转变"。但是,大多数教师的授课内容仍然是以语言和技能为主,语言应用型课堂活动较少。

(4)课堂时间分配不合理。所有教师都以阅读材料为中心,将教学过程分为阅读前(Before reading)、阅读中(While reading)、阅读后(After reading)三部分。我们发现,这三部分的时间分配不合理。大多数教师进入课文用时较长,最短的20分钟,最长的 45 分钟；部分教师课文讲解用时较长；但完成课文阅读后的活动用时普遍较短。分析原因可能是进入课文前教师比较容易组织活动，讲解课文过程中可讲内容较多，而讲完课文后大多数教师感觉完成了任务，所以课后活动往往一带而过。实际上，要提高学生的语言运用能力必须加强阅读后的活动，因为学生在阅读中所学词汇、语法、结构的练习，课文深层次意义的理解和引申都需要通过这部分来完成。

（5）提问形式使用不当。我们注意到，教师在课堂上使用展示型问题（Display question）较多，使用引申型问题（Referential question）较少。展示型问题是用来了解学生对所阅读或听力内容理解的。这类问题没有信息差和交际意义，因为学生可以直接从文本中找到答案。引申型问题是用来讨论文本的深层次信息或读者对所获取信息的评论和意见的。这类问题是开放性的，学生无法直接从文本中找到答案，需要自己组织语言，因此，更有利于培养学生的表达能力和语言运用能力。但是，由于教师主要使用展示性问题，学生回答问题时几乎全部照本宣科，使用课文中的原句。从表面上看，师生在互动，学生在练习，但没有真正意义上的信息交流，也不利于培养学生的表达能力和语言运用能力，还容易造成学生离开书本就不敢张嘴。

（三）学生课堂参与度与注意力

参与度和注意力是相辅相成的。课堂上如果学生只是旁观者，注意力很难保持一堂课时间。只有让学生主动参与课堂活动，才能吸引学生注意力，进而提高教学效果。从课堂上看，学生参与度不够，尽管有的教师尝试调动学生参与，但经常只是少数学生发言，多数学生保持沉默。分析原因，我们发现如下问题：

（1）任务不够明确。有的教师布置活动时没有说清楚到底让学生干什么。听课时我们不止一次地感到困惑，不知道教师的具体要求是什么。学生不知道教师让他干什么，当然就没办法参与活动。

（2）任务不够合理。有的教师不预先布置任务，等到学生完成听力和阅读后直接提问或讨论，造成学生没有思想准备，无法参与活动。这种无目的的听力和阅读不仅让学生无所适从，不知道要听什么、读什么，也不符合语言学习规律。现实生活中人们的阅读和听力一般都是有目的的。

（3）任务意义缺乏解释。几乎所有教师都是只布置任务，不解释为什么。其结果是有的学生不理解任务的意义，有的甚至认为教师布置的任务没意义而不愿参加。

（4）提名发言不够。由于班级人数较多，有些教师不知道学生的姓名，所以，大多数情况下教师提问时都是学生自愿回答，那些不习惯主动发言的学生不但没有机会练习，而且会感到受到忽视。有些学生一旦意识到教师不会提问他们，就不再准备回答教师的问题了,也就不再跟着教师的思路学习了。

(四)课堂互动与语言环境

通过多媒体设备的使用和教师的英语授课,使学生在课堂上始终处于目的语语境不是问题语境。但这些明显不够,因为真实语言环境需要互动,需要信息交流,需要用语言做事,而大学课堂上,信息主要是从教师流向学生。有的教师从头到尾滔滔不绝,除了要求学生随声附和一两个词外,几乎没有给学生在课堂上交流的机会。很多教师虽然提问,但只是流于形式,不等学生回答就将答案告诉学生了,根本没准备跟学生交流。但是没有语言互动和信息交流,学生就难以进入真实语言环境。更重要的是,没有跟学生的交流,教师就不知道学生在课堂上获得了什么,也就难以知道教学效果。尽管授课班级学生较多,教师难以给每一个学生机会在课堂上发言,但可以看出,我们的大学英语课堂教学还是以教师讲授为主的语言输入型,学生的语言输出明显不足是影响交际能力培养、影响教学效果的主要问题。Brown(1994)认为,学习者只有通过语言输出才能有效掌握所输入语言,逐渐实现语言自动化。换句话说,学习者不能亲身参与语言实践活动,就不能习得语言。

(五)学生学习积极性与教学效果

学生学习积极性直接影响课堂教学效果。因此,课堂上,很多教师为了提高学生的积极性在刚开始上课的预热(Warm-up)和导入(Lead-in)阶段,通过听歌曲、看录像、讲故事、介绍背景知识、开展讨论等形式吸引学生注意力。从整体上讲,这一阶段是课堂气氛最活跃、学生参与度最高、趣味性最强的教学环节。因此,很多教师都是尽量利用这一阶段开展各类活动,制造课堂闪光点。有的教师这一阶段的活动安排过多,以至于没有时间完成教学计划。但是,一旦进入课文学习阶段,课堂气氛就会急转直下。单调的课文讲解和阅读理解活动使教学的趣味性大打折扣。快读、略读、提问、填空、做选择题、找主题句等教学活动学生早已司空见惯。随着趣味性的下降,学生注意力开始分散。我们注意到,课文学习阶段学生很少记笔记,很多学生的目光游离于课本之外,有的看手机,有的交头接耳,有的显得无所事事。进入课文学习之前,课堂趣味性比较强,学生注意力比较集中,一旦开始学习课文,课堂就显得枯燥乏味,学生就开始目光游离。因此,要提高大学英语教学效果,需要改进课文学习阶段的教学方法。

二、新时期大学英语教学方法

人类自有外语教学开始就一直在不断追寻最好的教学方法,但是没有一种方法是放之四海而皆准的。学习者本身的因素，如年龄、性别、动机、态度、智力、认知方式、家庭影响、天赋、兴趣、性格、学习方法等都影响着学习者的学习成效。我国在大学英语教学中更多的只是关注教师如何教，忽视了学生在母语和第二语言习得中的差异，大学生已经是成年人，学习的环境和方式完全不同，学习的目的和过程也不同，大学英语教学要顺应学生的成长和心理过程的变化，重视学生的个体因素。

大学英语教学中在面对各种教学法流派，以及针对不同研究对象和视角的研究理论，需要保持清醒的头脑、博采众长，因为不存在一种万能的或最好的教学方法，在教学中要根据实际情况，灵活适当地加以实践。正如托克维尔所说："我们把视线转向美国，并不是为了亦步亦趋地效仿它所建立的制度，而是为了更好地学习适用于我们的东西；更不是为了照搬它的教育之类的制度，我们要引以为鉴的是其法则，而非其法治的细节。"我们可以借鉴和学习欧美的理论与流派，由于文化背景和社会历史的差异原因，对我国大学英语教学的指导作用和影响力还需要本土化的实践和研究，不能将其直接运用于我国的大学英语教学中。

当前语言研究者和教育者已经意识到语言环境和学习者的个体的复杂性，已经超越了遵循某一种或几种教学法的时代，而进入一个后方法教学时代（postmethod condition），一译为方法后教学时代。语言教育者的任务不是去追求最好的教学法，而是去探索能够满足学生需求并且适应学生学习体验和个体差异的教学策略。随着现代科技的发展和教学理论的推进，出现了新的教学方式。

（1）英语信息化教学。随着数字技术的发展和计算机应用的普遍化，以及外语教学中更强调交际能力和文化基础，计算机被广泛用于语言教学，成为合适的培训工具。学习软件的开发，网络互动平台都给学生提供了方便、快捷的学习方式。学生可以在任何适宜的时间、地点进行学习，自己确定课程进度，学生面对计算机没有心理压力或"丢面子"的问题，计算机辅助教学有助于学生形成个性化学习，也有助于大学英语教师保存学生的学习记录和教学资料。

（2）个性化学习。源于人本主义的教育观，满足学生对课程自我掌控的要求，学生选择个性化的学习方案，使用规定的或自学的材料，自己设定学习进度。个性化学习尊重学生的个性，教师根据学生的兴趣、特长、需求进行调整，学生是一种自主性的学习。教师从教授者和权威转变成学生的合作者，甚至是学习者，学生不再是被动的听讲人而是主动的合作者，能促进学生形成终身学习。

（3）以目标为指导的外语教学。教师和学生建立平等的伙伴关系，共同努力以达到一定外语能力、程度的要求。目标具有激励作用，可以将人的需要转换为动机，并将学习结果与目标进行对照,及时调整,直至达成目标。

(4)自主学习。较为新兴的语言学习方式,是与传统的被动接受性学习相对应的学习方式,利用已经开发好的语言学习材料,由学生自己进行自主学习,给学生配备语言导师进行语言的实际操练,在学习完成后,进行测试和评估。以学生作为学习的主体,通过学生独立的观察、分析、实践来达到学习目标,培养学生自己收集和处理信息的能力、分析和解决问题的能力,以及交际和合作能力。自主学习能有效利用教师资源,降低高校开设语言课程的成本。

(5)海外学习。有条件和获得经济资助的学生可以到目的语国家进行语言和文化的学习。

第四节　对大学英语师资的建议

21 世纪,外语学习越来越重要,语言学习的好处在于能够提高学习者对语言的理解力,从而有助于学习者更严密和细致地使用自己的语言,理解所阅读的外语文本,以及理解跨文化交际的障碍。在耶鲁大学,无论学生的入学外语考试水平如何都必须学习外语,因为耶鲁大学认为外语技能和数学以及定量的分析技能是打开未来学习和生活之门的钥匙。随着全球化的深入,我们越来越多地与世界各地的人们接触,以及在我们自己国家内部越来越多的农村人口和外籍人士涌入城市,作为不同程度交际的复合体的对文化维度的知识实际上十分必要。外语成为现代人必备的素质之一,在这样一个多元化的时代,跨文化交际能力是跨文化人必备的素质,这必然对外语教育提出更高的要求。外语教师作为教学活动的实施者、组织者和管理者,必然面临更大的挑战和压力。大学英语系面对各个不同语种专业的学生,教师主要进行语言和文学研究,为适应外语教育的发展,外语教师必须接受更严格和广博的培训。本书主要关注的是大学英语师资的培训及整合。

国外教师培训主要指的是业务方面,国内的教师培训包括政治思想和业务两方面,政治思想包括爱国主义、集体主义、敬业精神、忠诚于教育事业、认真负责的工作态度等各方面;业务方面则常常将大学英语教师培训简化为外语培训,即提升教师的语言技能,如对教师的阅读、听说、写作、翻译等进行培训。很多学生、家长甚至教师都认为一个人只要学会了英语就能够教英语,一个人只要英语水平高就能教好英语,这种看法并不正确,教师培训应该包括"教什么"和"如何教"两方面。

"教什么"并不简单地指"教外语",教语法、词汇、课文等,因为语言本身包括语音、词汇、语义、语法、篇章、语用,语言技能包括听、说、读、写、译。但语言不仅是符号系统,还是人与人相互接触时所使用的交际工具,是人与人之间传达信息或表达思想的媒介,也是使用这种语言的民族历史文化的载体。语言就像一面镜子反映了民族历史、文化、心理素质的深层结构,隐形地规范着一个民族看待世界的价值标准和思维方式。许多学生、家长和教师认为外语学习的目的主要是能够与目的语国家的人员进行商务、教育等方面的交流,这显然是受语言工具论的影响,只看到了语言在具体的人际交往中的功能,而忽视了语言所负载的文化。语言是文化的载体,涉及文化的方方面面,蕴含着哲理和智慧,在教授语言的同时也在传授文化。

大学英语教学实践中所强调的词汇、语法、篇章都与文化密切相关,单词的意义通常是文化所决定或限制的,不同文化的特征经过历史的积淀都在词语中留下了痕迹。英语是具有严格语法规则的语言,汉语的语法则相对灵活,两种语言的差异与文化传统和思维方式有关。语言的推理方式可以从语言的行文中看出来,对不同文化背景的英语学习者所写的文章进行分析,发现学习者在逻辑层面和篇章结构上受不同文化因素的影响,英语篇章呈直线型,常用演绎。汉语篇章呈螺旋型,句子之间没有太多的连词,是靠思维的连贯、语义的上下呼应来表达完整的意思。

可见只强调语言的工具性,单纯进行语言技能的训练是无法真正学好和教好一门语言的。因此,学生和教师为达到学好英语的目的,必须在语言教学中涉及文化教学,没有文化教学的语言教学是枯燥的和无意义的。一个人不可能只学习使用一门语言,而不学习有关说这种语言人的文化。

针对大学英语教师的师资培训必须突出语言的文化内涵,外语教师在学习语言的同时必须学习文化知识,在教授语言的过程中必须涉及文化。在大学英语教师培训中应包含世界政治、经济、文化内容。

目前在大学英语教师培训中,“如何教”主要指教学法,一般认为“如何教”就是指教学方法。李岚清就曾说由于教学方法不正确,我国知识分子的总体外语水平不如发达国家,甚至不如许多发展中国家,什么时候我们能找到一种适合中国人有效地学习外语的方法就好了。外语教学涉及语言学、心理学、社会学、人类学、教育学等相关学科,教学法只是“如何教”的一方面,“如何教”还包括二语习得、语言学习的过程、学习者个体差异等各方面。

当前教学法研究理论与实践都源自西方国家,缺乏本土化的经验,国际上英语教学领域的主流教师教育方法往往缺乏非常重要的社会—政治维度,正是这一维度才使英语教学在其所处的社会、文化、经济、政治等复杂环境中得以本土化。所以在“如何教"的培训方面，教学法只是一方面，还需兼顾其他很多因素。在后方法教学时代（postmethod condition），教师的任务不是去寻找或应用最好的教学法，而是去实践既能满足学生需求又能适应学生个体差异的教与学策略。

外语的重要性，以及学生、社会对大学英语教学的更高要求，促使大学英语教师接受更高难度和更深层次的培训，同时教师还需要具备广博的知识和文化素养。但是大学英语教师在繁重的教学工作之外很难抽出大量的时间进行长期系统的培训，对于主要毕业于外语专业的大学英语教师进行跨学科的培训，不是短期培训可以见效的。如何保证大学英语的教学质量呢？首先要做的就是进行大学英语师资的整合。

美国的大学基于其自身的文化传统和社会现实，选择在外语院系之外成立语言中心，如哈佛大学、耶鲁大学都设立了专门的语言学习中心，为学生的外语学习和教师的发展提供支持，确保大学生在校期间的外语学习质量，帮助学生达到通识教育的外语技能要求。我国大学借鉴其经验尚需本土化的实验，华语教育的台湾地区大学的实践，可以为大陆地区大学英语师资整合提供有价值的参考。

国际文化及服务组为拓展师生国际视野，以文化交流为目的，以外籍师生服务为主轴，经常举办元智与世界的文化对话，通过讲演、留游学宣传、文化交流周等活动，给师生提供更多的国际文化交流的机会。

国际语言文化中心执行全校大学英语教学课程，并建构提升自我学习外语与国际化之数字化设备与国际化生活环境。强化学生外语能力，提升国际竞争力，并配合国际化之政策以进行各单位与国际学术文化交流之业务。中心负责规划及执行全校的各项英语、第二外语及华语课程，协办各种语文测试及文艺活动，以改善校园外语学习环境，提升师生国际视野与文化涵养。将大学英语教师整合进入国际语言文化中心，与对外汉语教学的师资和外事交流与联系的师资整合，形成跨语言、跨文化的团队。大学英语教师在交流、各种活动、教学中都能够很快获得帮助和所需的资讯，师资整合给大学英语教师一个提升自我、丰富自我知识的过程。

大学英语教师的教学能力是大学英语教学能否走出困境的关键，进行大学英语教师培训，以及大学英语教师和其他相关学科教师的整合是较好的解决问题的方式之一。

参 考 文 献

［1］温建平 . 商务英语教学与研究 第 6 辑［M］. 上海：上海外语教育出版社，2019.

［2］邓金娥 . "互联网 +" 背景下商务英语教学研究［M］. 长春：吉林文史出版社，2019.

［3］孙悦 . 英美文学翻译与商务英语教学研究［M］. 北京：知识产权出版社，2019.

［4］李园园 . 商务英语教学与人才培养研究［M］. 北京 / 西安：世界图书出版公司 .2018.

［5］乐国斌 . "互联网 +" 时代商务英语教学模式研究［M］. 长春：东北师范大学出版社，2018.

［6］姜伟杰 . 商务英语教学理论研究［M］. 长春：吉林大学出版社，2016.

［7］郝晶晶 . 商务英语教学理论与改革实践研究［M］. 成都：电子科技大学出版社，2017.

［8］吕晓轩 . 商务英语教学评价理论与实践研究［M］. 哈尔滨：黑龙江大学出版社，2016.

［9］李琳娜 . 商务英语教学理论与实践研究［M］. 长春：吉林大学出版社，2016.

［10］汤熙 . 基于内容教学法的商务英语教学实践探索［M］. 苏州：苏州大学出版社，2017.

［11］王光林 . 商务英语教学与研究 第 4 辑［M］. 上海：上海外语教育出版社，2014.

［12］杨鹏，骆铮 . 基于教育转型发展视域下高校商务英语教学的创新研究［M］. 长春：吉林人民出版社，2019.

［13］王光林 . 商务英语教学与研究 第 5 辑 商务沟通研究专辑［M］. 上海：上海外语教育出版社，2016.

［14］夏璐 . 高校外语教育与研究文库 商务英语教学设计［M］. 武汉：华中科技大学出版社，2016.

［15］蒋景东．商务英语教学论［M］．杭州：浙江大学出版社，2011．

［16］王光林，彭青龙．商务英语教学与研究［M］．上海：上海外语教育出版社，2008．

［17］刘沛．青年学者文库 商务英语教学理论与实践［M］．武汉：武汉大学出版社，2015．

［18］田卉．任务型商务英语教学研究［M］．北京：国防工业出版社，2011．

［19］张喜华，郭平建，谢职安．大学英语中的跨文化教学研究［M］．北京：北京交通大学出版社，2019．

［20］郭坤．全球化背景下大学英语跨文化教学研究［M］．成都：电子科技大学出版社，2017．

［21］陈桂琴．大学英语跨文化教学中的问题与对策［M］．哈尔滨：哈尔滨工业大学出版社，2017．

［22］王维荣．跨文化教学沟通［M］．北京：教育科学出版社，2013．

［23］霍然．跨文化英语教学研究［M］．吉林出版集团股份有限公司．2019．

［24］郑春华．跨文化交际与英语文化教学［M］．北京：国家行政学院出版社，2018．